クイズでわかる

「貯まる！」「トクする！」お金の仕組み

おトクなお金はどっち？こっち！

経済ジャーナリスト

荻原博子

講談社

クイズでわかる
「貯まる！」「トクする！」お金の仕組み

おトクなお金は どっち？ こっち！

はじめに

お金のもやもや、解消しましょう！

なんとなく、お金が貯まらない。そういう人は意外に多いようです。節約しているつもりなのに、家計がうまくいっていない。そんな人も多い。それなりに努力をしているのなら、ちょっと努力の方向を変えればうまくいくかもしれません。

お金は、私たちが生活していくうえで、なくてはならない大切なものです。家を買おうと思っても、子どもを大学に行かせてあげようと思っても、旅行に行きたいと思っても、お金がなければ諦めなくてはなりません。欲張ってたくさん持つ必要はないけれど、日々の暮らしがスムーズにいくくらいの蓄えは常にしておかなければ、イザという時に戸惑うことになります。特に、給料がなかなか上がらない中では、限られたお金を上手に使うワザが必要です。

それはわかっているけれど、お金のことを学ぼうと思っても、何から手をつければいいのかわからないという方も多いことでしょう。でもそういう方でも、ポイントを絞って丁寧に説明されれば、自分がどうすればいいのか見えてくると思います。

本書は、お金の初歩から「お金初心者」の素朴な疑問まで、貯まる家計、計画的な人生設計を目指してつくられました。

まずは、簡単なクイズからチャレンジしてください。知っていそうで意外と知らなかったことや、もやもやしていたことも、クイズ形式で考え答えることではっきりし、答えの解説を読むことでなおすっきりわかるようになっています。貯める、教育、マイホーム、保険、老後と5つのジャンルにわけ、多くの人が疑問に思っていることに答えています。しかも、寝転がりながらでも読めるやさしい内容になっています。

本書は、CBCテレビの人気番組〝ゴゴスマ〟で、経済・家計の疑問をわかりやすく解説するコーナー〝週刊オギノミクス〟とコラボレーションしたものです。〝ゴゴスマ〟で

MCを務める石井亮次アナウンサーと、お金の専門家の私、荻原博子が、知恵を絞って答えを出した生活とお金のおトク情報を中心に構成しています。

テレビでは、時間がなくて詳しく説明できないことも、しっかり図にして説明しています。また、多くの方からお寄せいただいた生活にまつわるお金のお悩みの中からいくつか取り上げ、石井アナと私、荻原がそれぞれの視点から答えています。このアドバイスで、みなさんが笑顔になればうれしく思います。

今まで、お金の話にはあまり興味がなかった人も、難しいので人任せにしているという人も、この本を手に取れば、楽しみながらいつのまにかお金のことがわかっているはずです。

〝ゴゴスマ〟は、いつでもあなたの立場で、あなたを笑顔にすることを願っています。その〝ゴゴスマ〟発のお金の話。わかりやすいイラストがふんだんの本書が、みなさんの生活に少しでも潤いを与えられたら、私たちもつくった甲斐があったというものです。

平成28年7月

経済ジャーナリスト　荻原博子

目次

おトクな教育費は どっち？ こっち！ 教育編

マイホーム編

おトクなマイホームは

おトクな保険は どっち？ こっち！ 保険編

おトクな老後は　どっち？　こっち！

老後編

65歳以上でも元気に働こう!!

おトクな貯め方は

どっち？

こっち！

貯める編

お金がなかなか
貯まらないと
お嘆きのみなさん！

クイズに答えて、
貯まる体質を
身につけましょう

経済ジャーナリスト
荻原博子

CBCテレビ
石井亮次アナウンサー

?

問題1

低金利時代。
手元にあるお金は……

A

貯めても増えないので
貯金しない。

B

しっかり
貯めておく。

正解は次のページ

答え：B

いまのような低金利の時こそコツコツと貯めていけば、金利が高くなった時にまとめて預けることができます。

低金利だから、お金を貯めてもほとんど増えないので、貯めてもしかたないという人がいます。けれど、それは、貯められない自分への言いわけでしかありません。なぜなら、「低金利」「高金利」というのは、まとまったお金を持っている人にだけ関係することで、まとめて預けるお金がない人には、「低金利」も「高金利」も関係ないのです。

大切なのは、今のような低金利の時こそコツコツとお金を貯めはじめること。まとまった金額になった時に金利が上がっていたら、そのお金をポンと有利な金利で預けて増やすことができます。

たとえば月々5000円しか積み立てられなくても、時間さえかければ、必ずまとまったお金になっていきます。低金利の今こそ、そんな堅実な積立をスタートしましょう。気がつけば、びっくりするほど貯まっているはずです。

低金利でも、
コツをつかめば
お金は貯まりますよ！
荻原

?

問題2

お金の貯め方は……

A

給料から貯金を引いた
残りを生活費にする。

B

給料を節約して使って
残った分を貯金する。

正解は次のページ

答え：A

給料から貯金分を先取りしてしまい、残りはすべて生活費に使うというほうがラクですよ。

給料がたっぷりあれば、生活するのに必要なお金を使って、残った分を貯金するということもできるかもしれません。けれど、ほとんどの人はそれほどたっぷり給料をもらっているわけではないので、**残そうと思ってもなかなか残らず、残るのは貯金ができないというストレスだけ**。貯金を残そうとすればするほど、残らない現実にイラだって、逆に普通以上に買い物などをしてしまいがちです。

だとしたら、ストレスにならないように、まずもらった給料からあらかじめ貯金を差し引いておき、その残りのお金で生活するようにしましょう。貯金額は、最初は少しでも、徐々に増やしていけば大丈夫。そして、貯金を差し引いた後のお金は、何に使うか、ざっくりでいいので分けておきましょう。**行き当たりばったりにお金を使っていては、足りなくなってしまいます。**あらかじめ、水道・ガス・光熱費〇〇円、食費〇〇円……と分け、できるだけその金額の中で生活できるようにすることです。貯まる人と貯まらない人の差は、このちょっとした計画性にあります。

問題3

積立は、少しでも金利が高い金融機関を……

A

選んでする。

B

選ばず給与振込口座でする。

正解は次のページ

答え：B

給与振込口座から自動積立にしていけば、自分は何もしなくても気がついた時には驚くほど貯まっている。

たとえば、月々1万円の貯金をするのに、利率がちょっと良いからとわざわざ隣町の銀行で積立をはじめると、最初は貯める気まんまんでも、毎月その銀行にお金を持って行くうちに、忙しくてうっかり預け忘れるというようなことになりがちです。**そういうことが1回でもあると、そこから挫折して積立が続かなくなります。**

いまは低金利なので1万円に対してつく金利は0・01％の場合1円。2倍の金利がついたとしても2円です。その1円の差のために、わざわざ隣町の銀行に預けに行くというのはナンセンス。いっぽう自動積立なら、忘れていても、寝ていても、遊んでいても着々

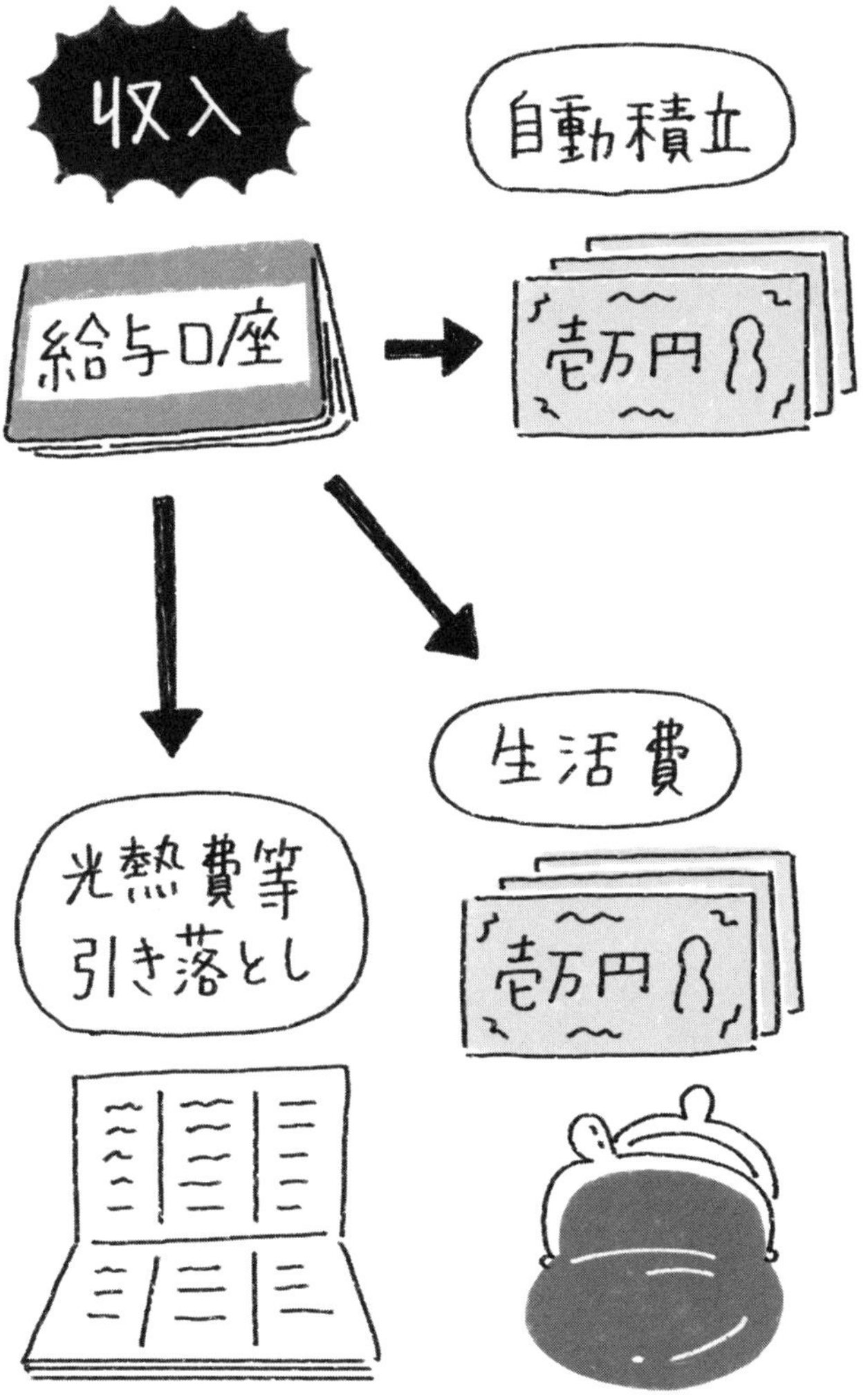
収入
自動積立
給与口座
壱万円
壱万円
生活費
光熱費等
引き落とし

と積み立てられています。

しかも、**給与振込口座で定期積立をして総合口座にセットしておくと、口座にお金がなくなっても公共料金などが引き落とされずにあわてるということを防げます。**総合口座のお金がゼロになると、自動的にセットされている定期積立からお金を借りるというかたちで支払いにまわされるからです。借りる時の金利は0・5％（ゆうちょ銀行では0・25％のものもあります）ですが、総合口座がマイナスになった時点ですぐに気付いてお金を預け入れれば、ほとんど気にするほどの金額ではないでしょう。

ちなみに、忙しくてなかなか**家計簿がつけられないので、総合口座を簡易家計簿代わり**にしているという人もいます。給与振込に使われるような銀行の総合口座では、公共料金や保険料、税金などかなりの支払いがセットできるからです。あとは、引き出した時に通帳に用途を書き込めば、総合口座の通帳でお金の流れが把握できます。

毎回の自動積立の金額は、銀行や商品によってもちがい、1円単位1円以上でOKという銀行もありますが、一般的には1万円以上というところが多いようです。

たとえば、月々1万円、年2回ボーナス時に5万円ずつ積み立てられるようにセットしたとしましょう。これで、年間22万円の貯金ができます。これを4年間続ければ、

１００万円近い貯金ができます。そして10年後には、確実に２２０万円以上になっています。もう少し余裕があるなら、**月々２万円、ボーナス時10万円ずつ積み立てていくと、10年後には４４０万円以上になっています。**

お金を貯めるために大切なのは、最初の一歩。小さな一歩でも歩き始めれば、大きな夢が叶うだけのお金を手にすることができますよ。

Check!

「給与天引き貯金をするなら、順番があるんです！」

給料の中から積立貯金をしようと思ったら、お金の預け先には検討する順番があります。まず、**会社に社内預金がある人は、社内預金の枠いっぱいに積み立てることを考えましょう。**なぜ、社内預金が一番かと言えば、あらかじめ給料から引かれてしまうので、税金とおなじで、最初からないと思えばそれで生活していけるからです。また、社内預金の金利は、最低でも0・5％以上と決まっています（労働基準法第18条第4項の規定に基づく省令）。最低で0・5％以上ということは、それ以上の高い金利がついている会社もあるでしょう。銀行の定期預金の金利が0・01％ですから、かなり有利と言えます。

社内預金の次に検討したいのが財形貯蓄。社内預金より金利が低いですが、給与天引き

積立は、この順番に考えよう

社内預金

↓

財形貯蓄
（財形住宅もしくは財形年金）

↓

給与振込口座から自動積立

なので、忘れていても貯まります。財形貯蓄には、一般財形、財形住宅、財形年金の3種類がありますが、まずは**財形住宅からスタート**。一般財形は通常の預金同様に利子に税金がかかりますが、**財形住宅と財形年金は、あわせて元金５５０万円までは条件に合った使用をすると利息から税金を引かれません**。また、条件に合った使用をしなくても、課税は5年を遡って。なので、財形住宅で20年間積み立てたけれど住宅を買わなかったという場合でも15年間は非課税。５５０万円の枠がいっぱいになったら引き出して財形年金をはじめましょう。

Check!

「月々が苦しくてたくさん積み立てられないならボーナスも活用しましょう」

会社に、社内預金も財形貯蓄もない人は、どうやって積立をしていけばいいのでしょうか。

そういう人は、給料が振り込まれる翌日かその次の日くらいに、給料が振り込まれる銀行の口座から、自動引き落としで積立預金がされるような契約をしておきましょう。

22ページのクイズの答えにもあるように、**大切なのは、金利の良い銀行で積み立てるのではなく、「すぐ」「確実」に「長続き」して忘れていても「貯まる」、給与振込口座で積み立てることです。**

銀行での積立預金は、**給料の手取額の1割程度を目標にはじめる**といいでしょう。ただ、今まで貯金していなかったので1割はきついという人は、**できそうな金額からとりあえずはじめてみて、続けられそうなら少し預け入れ額のハードルを上げるといいでしょう。**銀行によって1000円単位、1万円単位など条件が違うのでチェックしましょう。

積立は、月々だけでなくボーナスからもしましょう。ボーナスも月の給料と同様に、いろいろなことに使ってしまってから残ったものを貯金しようと思っても、なかなか残りません。ボーナスからも、あらかじめ決まった額を積み立てていきましょう。

積立預金は、次の3つをポイントに。

1　月々、いくらずつ積み立てる？

2　ボーナスで、いくらずつ積み立てる？

3　いつまでに、いくら積み立てる？

Check!

「収入が不規則な自営業なら、生活費を引いて、それ以外を積み立てていく方法も」

自営業の場合には、サラリーマンと違って毎月決まった額の給料が振り込まれるわけではありません。ですから、月々○○万円という、決まった額の積立が難しい方も多いでしょう。

ただ、自営業者はサラリーマンと違って、銀行などの振込口座を自分で指定できます。ですから、**生活費を残して、あとは自動的に積立ができるような口座がある銀行を選ぶといいでしょう。**たとえば、みずほ銀行のスイング積立方式だと、あらかじめ指定した日に引き落とし口座の残高が一定額以上の時には、その超過分が自動的に積み立てられる仕組みになっています。自営業者というのは、どうしても収入が不規則になりがちで、多く入

自営業でも毎月の生活費は
決めておこう!!
オー!!
オー!!

ってきたらお金をたくさん使ってしまいがちです。

けれど、サラリーマンのように月々の給料のようなものを決めてその範囲で生活するようにすれば無駄な出費を防げます。

たとえば、月の生活費が30万円だったら、仕事先からの振込口座から毎月25日には30万円を超える分を積立にまわし、26日に30万円を引き出して生活費の口座に入れれば一定金額での生活ができます。積立できない時には、収入が少なかったことも自覚できます。

Check!

「こうすれば、無理せず500万円だって、貯められますよ！」

「貯まらない」という人は、いままで述べてきたような、「貯まる仕組み」をしっかり使っていない人です。

「千里の道も一歩から」と言いますが、貯められない人は、この一歩を踏み出せないでいるのです。**貯金の一歩は、積立です。**月々5000円でも、1年間積み立てれば6万円以上になります。10年間積み立てれば、60万円以上になります。30年間積み立てれば、200万円近くになります。

ここにボーナス時に1回5万円ずつ年2回加えると、1年で16万円以上になります。10年で160万円以上になります。30年で500万円近くになります。金利によっては、

500万円を超えるかもしれません。月々5000円、ボーナス時5万円なら、無駄遣いさえしなければ貯められるという人は少なくないでしょう。

「ウサギとカメ」の話ではありませんが、**とにかくお金を増やしたいとあせって投資をして大失敗するケースは、後を絶ちません。**ウサギのように手っ取り早く投資で増やすというのは、投資のことがよくわかる人がすること。

誰でもできるのは、カメのようにコツコツ増やすことです！

マイナス金利って、どういうこと?

いま、日銀が「マイナス金利政策」を実施しています。

ただ、マイナス金利と言っても、みなさんが預けている預金の金利がマイナスになるわけではありません。日銀は、いま、世の中の金回りを良くするためにたくさんのお金を銀行に流しているのですが、不景気なので銀行にお金を借りにくる人が少ない。ですから、貸し出せないお金が、「当座預金」という日銀が銀行からお金を預かるところに貯金されてしまい、その額がなんと260兆円にもなってしまいました。これに対して、日銀が**「預金せずに貸し出しにまわさないと、これから預けるものについては、金利をつけないだけでなく逆に金利を払ってもらいます」と宣言したのです。これが、「マイナス金利」です。**

「マイナス金利」になると銀行の収益が減ってしまいますから、あわてた銀行は、日銀の「当座預金」からお金を引き出し、貸し出しにまわそうとしましたが、貸出先が一朝一夕に見つかるわけはありません。しかたなく、そのお金で国債を買おうと必死になったの

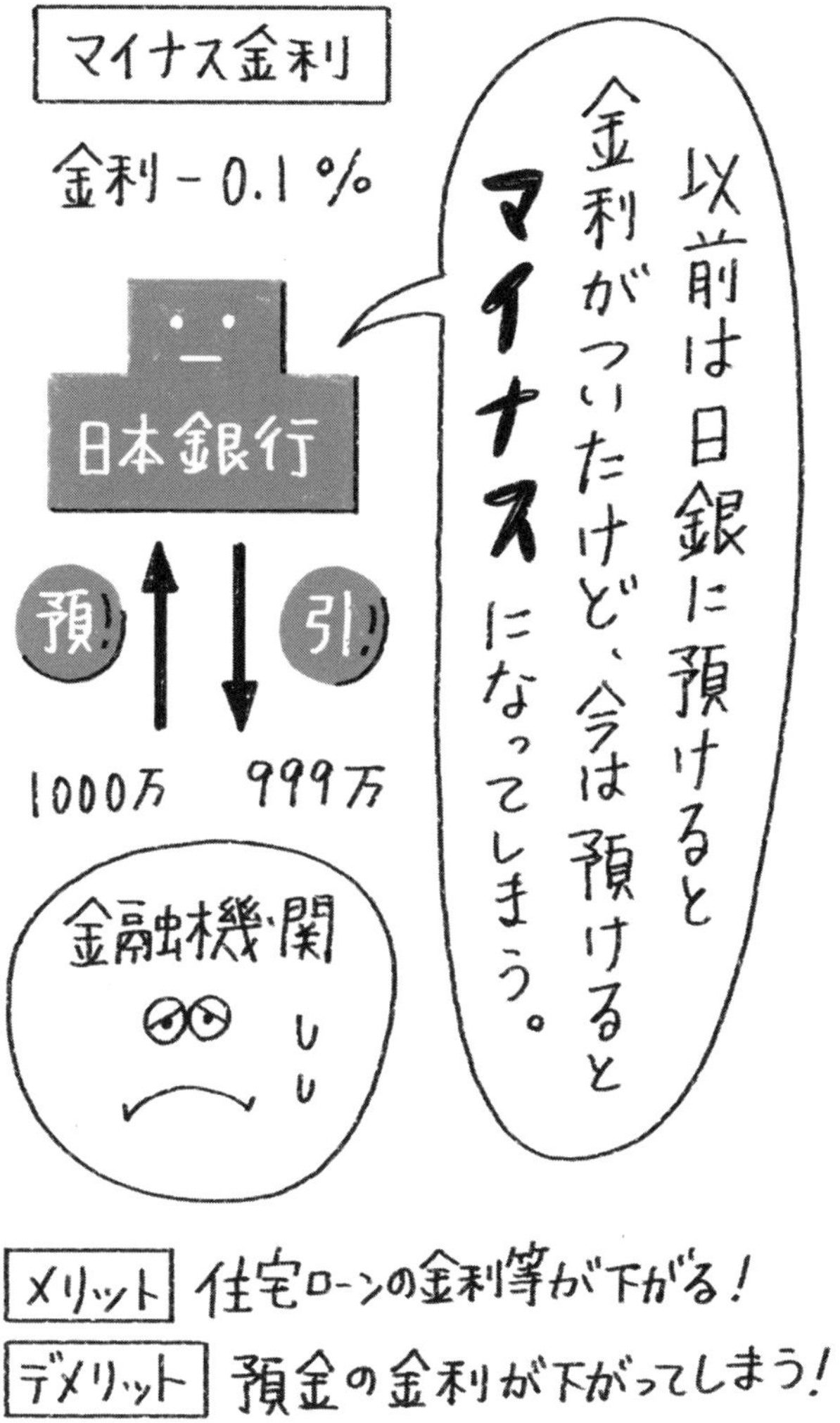

マイナス金利
金利－0.1％
日本銀行
以前は日銀に預けると金利がついたけど、今は預けるとマイナスになってしまう。
預！
引！
1000万
999万
金融機関
メリット　住宅ローンの金利等が下がる！
デメリット　預金の金利が下がってしまう！

で、国債が人気となって価格が上がりました。国債の価格が上がるということは、金利を低くしても買い手がたくさんいるということですから、国債の金利も下がり続け、なんと「マイナス利回り」になりました。こうした状況ですから、預金をする人は金利が下がって困りますが、国債の金利を元にしている住宅ローンの金利などは下がって、新規のローンや借り換えも有利にできるようになりました。

ただ、**心配なのは、これから銀行の投資信託や外貨預金、保険などの販売攻勢が強まるのではないかということ。**銀行は、みなさんからお金をたくさん預かっても、いままでのように日銀の「当座預金」には預けられなくなっています。しかも、運用することも難しいので、お金を預かるリスクは大きくなっています。

ですから、みなさんが退職金などまとまったお金を持っていくと「低金利で預金してもうま味はないので、リスクの低い投資商品はどうでしょう」などと勧めてくるでしょう。銀行にとっては、「預金」は預かったら必ず利息分をもうけて返さなくてはいけないリスク商品。投資信託や外貨預金、保険などは、個人がリスクを負うので、銀行はノーリスクで儲けることができます。**いま、銀行がしつこいほどに投資商品を勧める背景には、こんな事情があります。**

コラム 1

年代別、「お金」でやっておくこと【20～30代】

\ 手軽なローン、キャッシングは、お金が貯まらない大きな原因に！ /

20代から30代は、まだ自分たちも遊びたいし、子どもも可愛い、車もファミリータイプにしたい……。

夢は膨らむばかりですが、この年代は、収入がそれに追いつかないという人が多くいます。それで、中にはついつい安易に借金をしてしまう人もいます。

家は高額なのでローンを組まないと買えませんが、それ以外のものは、現金を貯めてから買う習慣をつける！

200万円の車を、金利4％、5年払いで買えば、支払う利息は20万円以上増。しかし、月々の返済額は3万6000円ほどなので、「じっくり考えて、もうちょっと安い車にしよう」と思えなくなります。また、20万円の買い物でも、カードのリボルビング払いを使うと月5000円～7000円の支払いなので負担感が少ない。けれど、最終的に5万円以上の利息を返すことになります。しかも、返済中でもお金が借りられるので、万年借金へまっしぐら。

お金は貯めてから使う習慣を、若いうちから身につける！

Check!

「マイナス金利でも預金を5%以上で運用する方法があるんです！」

低金利で、せっかくコツコツと貯金しても、ぜんぜん増えないとお嘆きの方も多いことでしょう。そういう方は、まとめ払いにチャレンジしてみてはいかがでしょう。

たとえば生命保険。**1年分をまとめて年払いにすると、会社にもよりますが、年間保険料が2%から4%程度安くなります。**月々2万円の保険料を払っているとすれば、年間では24万円。これを1年分まとめて支払うと、5000円から1万円ほど安くなります。

だとすれば、まず年1回だけ貯金をおろして24万円支払い、次の月からは、いままで支払っていた月々2万円の保険料を、払ったつもりで貯金していきます。自動積立ですると便利でしょう。そうすれば、1年後には24万円貯まっていますから、そこから年払いで1

年分の保険料を支払えば、口座に5000円から1万円が残ります。積立の運用利回りに換算すると、4％から10％になります。

火災保険も、1年ごとに支払うよりも10年分をまとめて支払ったほうが保険料は18％ほど安くなります。地震保険も、最長5年までならまとめて払うと半年分くらい保険料が安くなります。

「まとめ払い」が有効なのは、保険だけではありません。国民年金の保険料は平成29年4月にまた上がりますが、これもまとめ払いにすると割安に。

そのほか、NHKの受信料なども、まとめて支払えば割安になります。

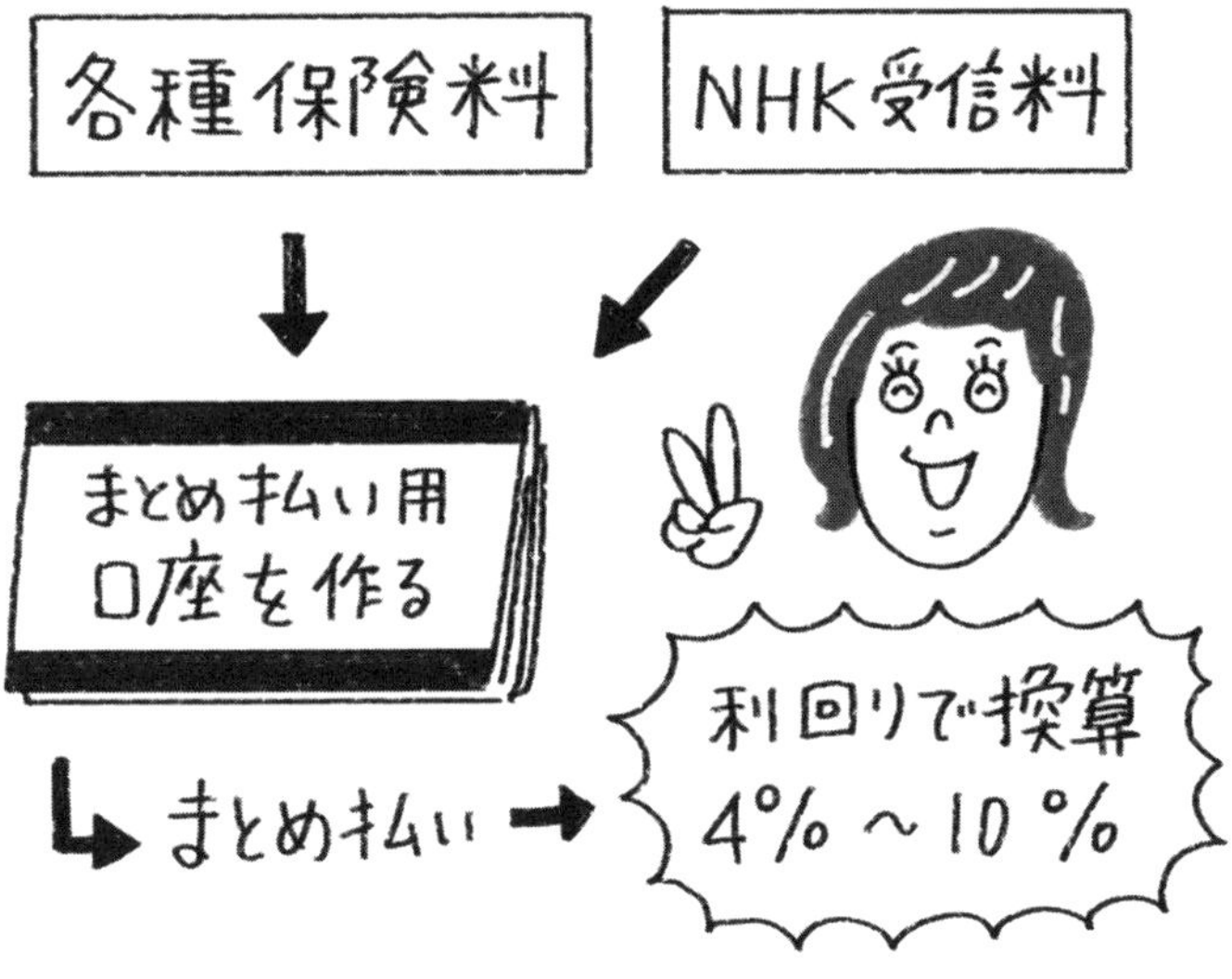

Check!

「預金しながら、ノーリスク・ハイリターンも狙える!?」

ノーリスクだけれどハイリターンが狙えるのが、「懸賞金付き定期預金」や「宝くじ付き定期預金」。

たとえば、スルガ銀行がインターネット上に設置しているドリームダイレクト支店では、**預金をすると、なんと当選日本一と言われる人気の宝くじ売り場「西銀座チャンスセンター」で購入した宝くじを自宅に届けてくれます。**預け入れ期間は3年（自動継続）で、100万円、300万円、600万円、900万円の4コースがあり、100万円預けると年間にドリームジャンボ5枚と年末ジャンボ5枚の計10枚を3年間で計30枚もらえます。300万円ならサマージャンボも加わり90枚、600万円なら180枚、900万円なら270枚。連番でもバラでも連番とバラの組み合わせでもオーケー。

過去4年間で1480人に10万円以上当たっていて、1億円当選者も何人か出ています。

宝くじ付き定期預金を扱っているところは地方銀行などに多いですが、**そんなに大きな額でなくてもいいから、当たりやすいくじのほうがいいという方には、信用金庫などがやっている「懸賞金付き定期預金」があります。**最高金額が10万円と低いものが多く、小額なのでそのぶん当たりやすくなっています。

たとえば、東京都に本店がある城南信用金庫の「スーパードリーム」は、10万円以上預け入れると始められます。ドリーム大賞最高100万円は10本しかありませんが、1等10万円は1000本、JTB旅行券5万円相当は1000本、4等1000円は20万本も当たります。預け入れ額は10万円からですが、10万円預けて1000円当たれば運用利回り1%。いまなら、高利回りと言えます。

もちろんハズレでも、通常の預金金利がつきますから、まさにノーリスク・ハイリターンの預金と言えます。

荻原&石井の お悩み相談室 お金の

【貯める編】

給料が減り、週末のおでかけや週に1回楽しみにしているファミレスに行くと、貯金ができません。子どものためにも遊びに行きたいのですが、どうすればいいでしょうか?

夫45歳会社員、妻42歳契約社員、長男10歳(小学校5年生)、長女8歳(小学校3年生)の4人家族。週末よく行くおでかけ先は遊園地、プール、水族館などのレジャー施設や、アウトレットなどのショッピングモール。外食も週に一度は行きたいが、食べ盛りの子どもが2人いて、食費がかさんでしまうのが悩み。

　私は８歳と４歳の娘がいます。荻原さんと出会うまでは相談者さんのように毎週のように家族でレジャーを楽しんでいました。「子どもが小さい時の期間は限られている。今楽しまなくてどうするの！　将来の５万円より今の５万円だ！」と息巻いてレジャー費をたくさん使っていました。しかし荻原さんと出会い**「将来に向けての貯蓄の大切さ」**を学びレジャー費を削ることにしました。私は毎週だったレジャーを月２回にしたり、ファミレスに行くのも夜行くのではなく朝行くなどにしました。モーニングのほうが安く楽しめるのはもちろん、「朝からレストラン！」という贅沢さも味わうことが出来るし、夜食べるよりダイエットになるメリットも。土曜日の朝しっかり食べて、昼は公園で遊び、夜は皆でお風呂に入り、勉強を見てあげる！　疲れ切ったら土曜日は早く寝て、日曜日の朝は早く起きる。すると日曜日の夜も早く眠たくなり、たっぷりの睡眠で月曜日に仕事を始めることが出来る。良いことだらけです。ちなみに日曜日の日中は図書館で借りた本などを皆で読む！**「一日休養、一日教養」**。松下幸之助さんのお言葉を噛みしめる週末です！

回答：石井亮次アナ

今の贅沢よりも、子どもの将来が大切。給料が減ってもある程度の貯金をしていくことは大切です。そのためには、お金をかけずに楽しむレジャーを心がけてみてはいかがでしょう。探せば、お金をかけなくても楽しく遊べる施設や子どもが喜びそうなイベントはいろいろとあります。

たとえば、日本最大級の子どもとおでかけ情報サイト「いこーよ」(http://iko-yo.net)には、入園無料で小さな子どもといっしょに楽しめる**お財布にやさしい遊園地や、楽しくリーズナブルに遊べる公園**などがマップで検索できるようになっています。身近なところでも、意外と知らなかったという施設はあるのではないでしょうか。子どもの年齢に応じたその時期のイベントも、全国レベルで検索できるサイトです。

また、住んでいる自治体のホームページには、安く利用できる施設なども載っています。こうしたものも、活用しましょう。

おでかけに欠かせない車のガソリン代を少しでも節約したいなら、ガソリン価格比較サイト「gogo.gs」(http://gogo.gs)や「e燃費」(http://e-nenpi.com)をおでかけ前に見てみましょう。

回答：荻原博子

おトクな教育費は

どっち？

こっち！

教育編

子どもが小さいうちから
お金をかけると、
あとが大変ですよ！

教育にはお金を
かけたくなっちゃい
ますよね？

?

● 問題1

子どもが生まれ、
まとまった額の
お祝い金があるので……

A

教育資金のために貯金する。

B

住宅ローンの繰り上げ返済をする。

正解は次のページ

答え：B

子どもが小さいうちにしっかり繰り上げ返済をして、ローン残高を減らしていくのが正解です。

子どもが生まれたら、双方の両親などからまとまった額のお祝い金をもらうケースがあります。また、子どものための貯金をはじめるという人も多いことでしょう。

ただ、**こうしたお金を教育費として使うとしたら、一番お金のかかる高校、大学ということになります。**実は、住宅ローンを抱えている人は、子どもが小さくてお金がかからないうちにしておかなくてはいけないことがあります。それは、住宅ローンの繰り上げ返済。

90ページでも書いていますが、住宅ローンの繰り上げ返済は、早ければ早いほど効果が大きくなります。仮に、35歳で35年ローンを組むと返済し終わるのは70歳。65歳から年金生活に入ったら、年金生活の中で住宅ローンを払わなくてはならなくなり、生活がかなり苦しくなることでしょう。けれど、年金生活に入る前に住宅ローンが終わっていれば、悠々自適の老後が迎えられます。

人生には、お金で言えば３つの大きなハードルがあります。１つ目は住宅ローン。２つ目は教育資金。３つ目は老後資金。このハードルは、手前から順番に飛んでいかなくてはいけません。

子どもにお金がかからない10歳くらいまでに、しっかり貯金して住宅ローンの繰り上げ返済をしてローン残高を減らしていきましょう。たとえば、金利2％で３０００万円、35年のローンを借りた人が、マイホーム購入後1年目に子どものお祝い金１００万円を繰り上げ返済に回し、その後も10歳まで頑張って毎年50万円ずつ繰り上げ返済をすれば、60歳前には住宅ローンが終わります。そして、子どもが10歳になってから大学までの8年間、子どものために年間50万円の貯金を続ければ、４００万円が貯まります。給料も上がり、奥さんも子どもが手を離れて働けるようになったら、もっと貯まるかもしれません。

子どもが大学に行っている間は貯金もできないかもしれませんが、子どもが社会人になったら、**そこからは自分たちの老後資金を貯められます。**今は、65歳まで働けますから、60歳前に住宅ローンが終わっていれば、そのぶんも含めて貯金でき、老後はかなり安泰になるはずですよ。そのためにも、子どもが小さいうちに、住宅ローンがなるべく早く終わるようにしておきましょう。

人生のお金の
ハードルは手前から
順番に飛ぶんですね！

コラム

2

年代別、「お金」でやっておくこと【40代】

＼ママの稼ぎは、ひたすら貯金。繰り上げ返済と教育資金に！／

40代になると、子どもも学校に通うので、ママも働きに出られます。ママが稼いだぶんは、住宅ローンの繰り上げ返済や、子どもの将来の教育費のために貯金しましょう。

特に住宅ローンは、70歳まで借りている人が多いですが、それほどたっぷりもらえるわけではない年金暮らしの中で、住宅ローンを支払うのは辛い。繰り上げ返済で、最低でも年金をもらう前までに終わらせる。

たとえば、35歳で3000万円の住宅ローン（35年、金利2.5%）を借りて、40歳で300万円を繰り上げ返済して借り入れ期間を短縮すると、返済期間は４年７ヵ月短くなります。これなら、年金をもらう65歳くらいで住宅ローンが終わり、安心して年金生活に突入できます。

ちなみに、住宅ローンでは、最初のうちは利息の支払いが多いので、繰り上げ返済は、早くすればするほどたくさん利息が軽減されます。ママが働くぶん、家事は、パパや子どもで分担しましょうね。

？問題2

3年後に大学入学なので、今のうちに入学資金を……

A

コツコツ積み立てる。

B

投資で増やす。

正解は次のページ

答え：A

投資信託なら大丈夫という甘い考えはいますぐ捨てて。必要になるお金はきちんとよけておきましょう。

子どもの教育資金など、将来必要になるお金は、投資にまわしてはいけません。たとえば、株を買って、その会社が倒産してしまったら、価値はゼロになってしまうかもしれません。そうなると、**子どもが学校に通えないという悲惨な状況になりかねません。**

投資信託なら大丈夫だろうなどという、甘い考えも早く捨てたほうがいいでしょう。銀行などにいくと、「投資信託ならリスクが分散されていて、うまくすると預貯金よりも大きく増える可能性があります」などと説明されるかもしれません。確かに、大きく増える可能性もありますが、逆にリスクもあるので大きく目減りする可能性もあります。

ちなみに、いま、郵便局で売っている56本の投資信託のうち28本は、最初に1万円で買ったものが1万円以下になっています。**半分の投資信託が、投資したお金を下回っているということです。**中には、4338円になっているものもあります（平成28年4月11日現在）。これでは、「投資信託だから大丈夫」などとは、とても言えないでしょう。

世間的には投資をしなくてはいけないような風潮もありますが、みなさんが、あえてリスクを取る必要など、どこにもありません。投資は、ギャンブルだと心得ましょう！

? 問題3

子どもが生まれたので、
子どものために
学資保険に……

A

入る。

B

入らない。

正解は次のページ

答え：B

学資保険がおトクだったのは、昔の話。今の状況をしっかり見極めて、不必要な保険は切り捨てましょう。

「子どもが生まれたら、郵便局の学資保険に入りなさい。私も、あなたを育てるのに、郵便局の学資保険をやっていたから、ずいぶん助かったのよ」。たぶん、こんなことを、母親から言われて、**子どもが生まれたら学資保険に加入するものだと思っている方は多いようです。**

確かに、25年ほど前に生まれた方なら、学資保険が支払った額の2倍近くになって戻ってきました。なぜなら、保険の運用利回りにあたる予定利率が高かったからです。表を見ていただければわかりますが、平成5年3月までは、国内生命保険会社の運用利回りは

5・5％以上という、いまでは考えられない高利回りになっていました。しかも、保険の利回りは、金利が下がっても入った時の利回りが最後まで続きます。**この高利回りで18年以上運用されたので、戻ってきたお金が2倍近くになったということです**。ですから、この時に学資保険に加入した現在23歳以上の方の母親たちは、必ず学資保険に入りなさいと言います。

けれど、いま、この利回りは、表をご覧いただければわかるように、1％前後。預けたお金が、ほとんど増えない状況。なので、入る意味はあまりないでしょう。

国内生命保険会社の予定利率の推移

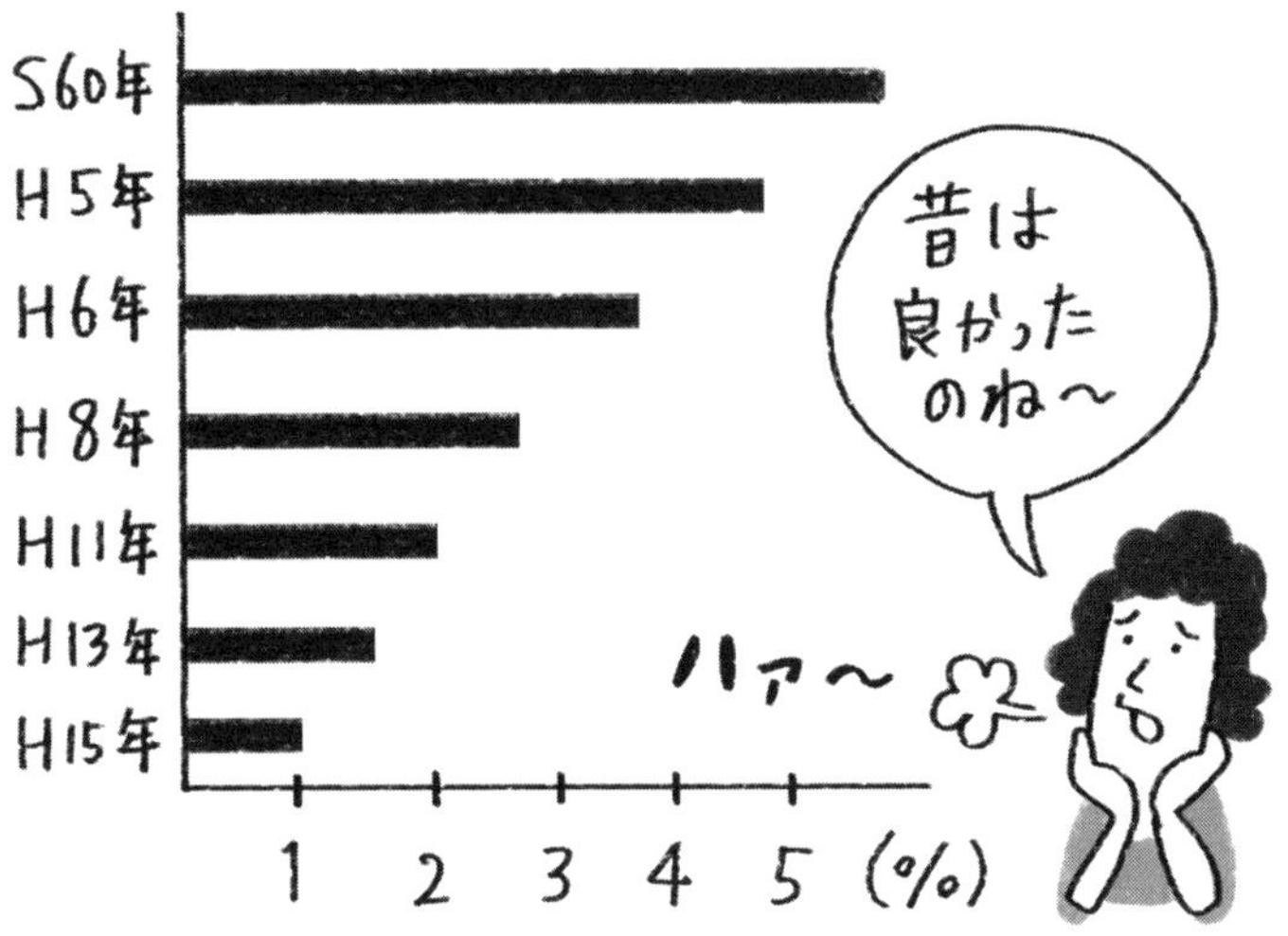

\ Check! /

「小さなうちから教育費をかけすぎると、大学に行けません！」

子育て中のご家庭にとって、マイホームの次に大きな出費が教育費。

文部科学省の「子供の学習費調査」（平成24年度）を見ると、幼稚園（3年間）にかかる学習費は、公立で約66万円、私立で約146万円。小学校6年間では、公立が約183万円、私立が約854万円。中学校3年間では、公立が約135万円、私立が約389万円。高校3年間では、公立が約116万円、私立が約289万円。

大学だともっとかかって、日本政策金融公庫の「教育費負担の実態調査」（平成26年度）の結果を見ると、私立短大2年間で約363万円。4年制では国公立大学で約511万円、私立大学文系で約692万円、私立大学理系で約788万円。**つまり、子ど**

も１人を大学まで行かせるには、すべて国公立でも約１０００万円かかるということです。

こうした話を聞くと、この先、自分の子どもにどれくらいのお金がかかるのか心配だという方も多いでしょう。そこで覚えておいてほしいのが、私が提案しているものですが、**教育費の「２・３・４・５の法則」**。

だいたいの教育費を計算するためには、小学生なら月2万円、中学生なら月3万円、高校生なら月4万円、大学生なら月5万円という数字を覚えておいて計算すると、大学を出るまでにかかるおおよその教育費の額がわかります。

高校の場合、受験勉強の塾通いなどで多額の費用が必要になるので月5万円かかるというデータもありますが、地方でそれほど塾にお金がかからないところもあるので月4万円としました。大学の場合には、平均で月10万円ほどかかりますが、半分はアルバイトや奨学金で本人がなんとかするという前提で、月5万円としてあります。

たとえば、子どもが中学校2年生の夏なら、この先どれくらいの教育費がかかるかといえば、中学校で月3万円×20ヵ月＝60万円、高校で月4万円×36ヵ月＝１４４万円、大学で月5万円×48ヵ月＝２４０万円。合計すれば４４４万円ということになります。

この先かかる教育費

（子どもが中学校2年生の夏の場合）

中学	月3万円×20ヵ月＝60万円
高校	月4万円×36ヵ月＝144万円
大学	月5万円×48ヵ月＝240万円

合計444万円

ですから、この先どれくらい教育費がかかるのだろうと心配な方は、この**「2・3・4・5の法則」を使って、ざっくりと計算し、それに合わせて貯金をはじめましょう。**

なぜこんなに家計の教育費負担が大きいかといえば、政府が教育にあまりお金を出さないから。日本の公的教育支出は、経済協力開発機構（OECD）加盟34ヵ国中、5年連続最下位。こうした状況は変わりそうもないだけに、しっかり貯金しなくてはいけません。

子ども1人を大学まで行かせるには約1000万円
こんなにかかるんだあ……

\ Check! /

「奨学金は、給付型→無利子型→有利子型と、順番にチェックしてみましょう」

子どもを大学に行かせたいけれど、自分たちの老後の生活のこともあるので、学費を全額出してあげるわけにはいかないというご家庭も多いことでしょう。

大学に行かせるための教育資金が足りないというなら、まずは奨学金を借りられないか検討してみましょう。奨学金とは、在学中に学生が月々一定額を借りて卒業後に返していくというもの。いまや大学生の半分は、奨学金を利用して大学に通っています。奨学金は、大学が窓口となっているので詳しくは大学の学生課などで聞いてください。

国が関与している奨学金には、利子がつかない無利子型と、利子がつく有利子型があります。無利子型は条件がかなり厳しいので、一般的には利子がつくものを借りることになるでしょう。ただ、利子の金利は低く、平成28年3月時点では年率0・1～0・36％。たとえば、在学中に月々3万円ずつ奨学金を借り、卒業後に13年間にわたり月約1万円ずつ返していくというイメージです。

実は、有利子型、無利子型のほかに、**民間では給付型という、返さなくてもよい奨学金を提供している企業や自治体、個人などがあります。**

たとえば、「小野奨学会」は大阪府下の大学の在学生に月3万円を4年間支給。大学生370名程度、大学院生50名程度が対象。「JT国内大学奨学金」は、高校生40人、大学生10人に対し、入学金、年間授業料、生活費の一部など、学業に専念するのに十分な援助をしています。大学にも、返済不要の奨学金があります。早稲田大学は、約1200人を対象に年間40万円を支給。慶應義塾大学も、100人ほどを対象に年間60万円（医学部90万円、薬学部薬学科80万円）を支給。明治大学は約1500人を対象に年間20万～40万円を支給。まずは、こうしたところからチェックしてみましょう。

最近は、徳島県の「奨学金返還支援基金」のように、その地方の対象業種に一定期間就業すれば奨学金の一部を支援してくれる自治体もでてきています。鳥取県も「未来人材育成奨学金支援助成金」で、返還の助成をしています。

ただし、いまは借りた奨学金を返せないケースも増えています。

平成16年度には、年間58件だった滞納者への返還請求の訴訟が平成24年度には6193件と100倍以上になっています。

こうした状況もしっかり子どもに伝え、大学を出たらそれなりに就職して返済できるように早くから人生設計を立てさせたほうがいいかもしれませんね。

主な給付型奨学金制度 （細かい条件はＨＰなどで確認を）

ＪＴ国内大学奨学金	指定国公立大学入学者に入学金30万円、授業料54万円＋生活費の一部支給
小野奨学会	大阪府下の大学の在学生に月３万円を４年間支給
石橋奨学会	自宅生月４万4000円、自宅外生月５万円を４年間支給
ツツミ奨学財団	埼玉県内の大学の在学生に月４万5000円を４年間支給

主な大学の奨学金制度

早稲田大学	年40万円を４年間支給
慶應大学	年間60万円支給
明治大学	年間20万～40万円支給
神奈川大学	初年度納入金免除、文系100万円、理工系130万円を４年間支給。自宅外通学者は＋年70万円支給

コラム
3

家計のスリム化
決め手は、通信費！

＼ガラケーもスマホも、ひと工夫すればかなり安くなる／

総務省の家計調査では、家計の中で最も伸びているのが通信費で、中でも携帯電話代は、この10年で約1.4倍になっています。なので、携帯電話代を安くできれば、家計には大きなプラスとなります。

ガラケー（従来型の携帯電話）の場合、様々なプランが出てきているので、どうすればいいのかわからないという人も多いようです。まず、サービスセンターに電話し、安くなるプランのアドバイスを受けましょう。納得したら、その電話で「プランを変えてください」と言うだけです。

スマホの方は、格安スマホに換えると、料金が半分以下になります。格安スマホといっても、ドコモのような大手のネットワークを借りているので、使い勝手はそれほど大手と変わりません。料金は通常で月額2000円前後ですが、データ通信だけなら月額500円前後のプランも。イオン、ビックカメラだけでなくLINEも参入し、まだまだ安値競争もサービス競争も激化しそうです。

Check!

「教育資金は、まず国の教育ローン。その次にJA、労働金庫、信用金庫などを検討」

条件が合わなくて、奨学金を借りられないという人もいるでしょう。そういう方は、日本政策金融公庫の「国の教育ローン」が借りられないか検討してみましょう。**「国の教育ローン」は、子ども１人最高３５０万円まで借りられる教育資金のためのローン**で、金利1・9%、期間は最長15年。在学中は、利息のみの支払いにすることもできます。

たとえば、１００万円を返済期間10年で借りると、月々の支払いは９３００円の１１９回払いとなります。別途保証料を支払うと、（公財）教育資金融資保証基金の保証も利用できます。最近は審査の期間も短縮され、20日程度で入金が可能になっています。

民間でも教育ローンは借りられます。金利は少し高めですが、**銀行などに比べると比較**

的低い金利で貸しているのが、地域のＪＡや労働金庫、信用金庫や信用組合など。

こうした地域密着の金融機関は、大手銀行より教育ローンに力を入れているところが多いです。たとえば、ＪＡ横浜の場合、同組合のＪＡカードを持っていて（新たに契約するケースも可）、給与振込口座になっているなどの条件を満たすと、「国の教育ローン」の金利よりも低い1・7％で貸してくれるケースも。いろいろと、チェックしてみるといいでしょう。

\\ Check! //

「おじいちゃん、おばあちゃんから教育資金をもらうなら、こんなところをチェックしよう！」

可愛い孫のために、教育資金を出してあげたいという方は意外と多いようです。

そんな方のためにできたのが、**祖父母などから教育資金を一括贈与された時に贈与税が無税になる制度**。平成31年3月31日までの期間限定ですが、しかるべき金融機関に教育資金口座を開設し、そこから孫が教育資金を引き出して使えば、最高1500万円までは贈与税が無税になります。対象者は直系の子・孫・曾孫で、対象となるのは、幼稚園や学校の授業料、留学の学費など。上限1500万円のうち500万円までは、バレエ教室やスイミングスクール、塾などの費用としても利用できます。

ただ、気をつけなければいけないのは、この制度は、口座にある教育資金がなくなった時や援助を受ける本人が死亡した時だけでなく、援助を受ける本人が30歳になった時点でも終了します。そして、**本人が30歳になった時点で口座にお金が残っていると、このお金には贈与税がかかります。**

たとえば、大学進学のため1500万円を信託銀行の口座に預けたとします。ところが孫は、一流の板前になりたいと料亭で修業を始め、1500万円が使われないまま残ったとします。この場合、孫が30歳になった時点で、366万円の贈与税を納めなくてはなりません。ですから、お金を出す前に、本人の進路をしっかり確認する必要があります。

これとは別に、暦年贈与といって、年間1人110万円までなら贈与税が無税になります。この制度では、もらったお金は何に使っても良いことになっています。つまり、孫が板前修業をしながら年間110万円ずつあげたお金を貯金していたら、このお金を頭金に店を持つことができるかもしれません。

お金が山のようにあるという場合には、2つの制度を並行して使えばいいですが、そんなにはあげられないというなら、毎年110万円を限度にあげたほうが、おじいちゃん、おばあちゃんも、毎年感謝されるので張り合いがあるかもしれません。

ただし、毎年贈与する場合、あらかじめ10年間で1100万円あげるなどという約束のもとに贈与が行われるとまとめて1100万円の贈与と見なされる可能性があるので、あげるなら、あくまで1年ごとに贈与するかどうかを決めて行いましょう。

また、お金をあげた本人が亡くなる前の3年以内に贈与されたものは、相続税の対象となるので注意しましょう。

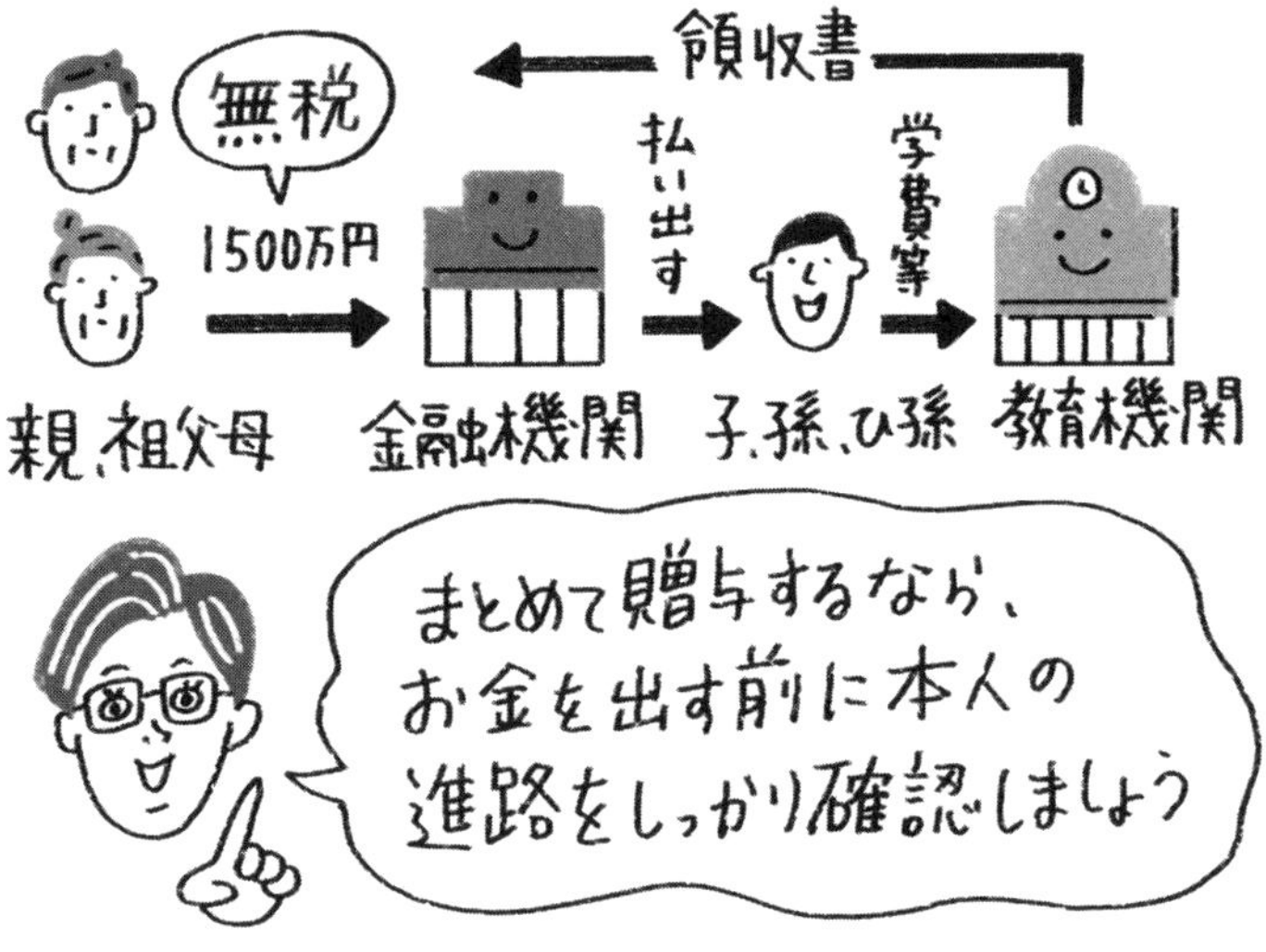

コラム

4

家計のスリム化
電力会社の見直しで明るい家計に

\ 自分にあった電力会社をチョイス でも契約の縛りや詐欺には注意！ /

年々上がっているのが電気代。けれど、今年４月からご家庭向け電力が自由化され、自由に電力会社を選ぶことができるようになりました。

すでに、山のように電力会社ができていますが、小さな会社と契約すると、経営破綻したら電気が来なくなって停電するのではないかなどと心配する人もまだいるようです。電気は、通常の商品と違って契約した会社から直接送られてくるわけではありません。それぞれの発電所でつくられた電気は、すべて既存の送電線で送られ、会社が破綻しても他の会社が肩代わりするので心配ありません。

契約も簡単で、電話で申し込むだけ。旧電力会社の解約手続きは、契約した会社がやってくれます。

ただ、会社によって1年間は解約できないなどの縛りを設けているところも。また、「1年分先払いしてもらえれば、驚くほど料金が安くなります」などという詐欺にも気をつけましょう。電気料金は使った分だけ。先払いはあり得ない！

荻原&石井の お金のお悩み相談室

【教育編】

小学校3年生の子どもが、ピアノ教室、水泳教室、ヒップホップ（ダンス）教室、英語教室に通っています。全部で月に3万円かかっていて、貯金ができません。どうすればいいでしょう。

夫41歳会社員、妻41歳パート、長女9歳（小学校3年生）の3人家族。
習い事の内訳は次の通り。
ピアノ教室…妻が小さな頃、習いたかったのに習わせてもらえなかったので、子どもにはそんな思いはさせたくないから。
水泳教室…クラスの半数以上が通っているし、身体も丈夫になりそうだから。
ヒップホップ（ダンス）教室…テレビで踊る人に憧れ、本人の希望。
英語教室…将来を考えたら、今から英語を習わせたほうがいい、という父親の考え。

子どもの習い事を選ぶにあたって、私は２つポイントがあると考えています。

①「本人が本当にやりたいと思っているか？」

②「将来直接的に役に立つか？」

相談者さんのお子様の場合、ヒップホップは①に該当。英語教室は②に該当。ご相談を読ませていただくとピアノと水泳は「なんとなくやらせてます感」が強そうですね。だらだらなんとなくやるというのが最も無意味だと思いますので、まずはお子さんにピアノと水泳を続けたいか聞いてみてはいかがでしょうか？　私は我が子に半年に一度くらいのペースで本人の手ごたえを聞いています。その結果先日ピアノをやめました。**楽しんでるか否かは話をすればわかるはず！**　途中でやめる勇気も必要かと。

回答：石井亮次アナ

子どもが小さいうちに、あまりたくさん習い事をさせていると、お金が貯まらないので、将来、大学に必要なお金が用意できなくなるかもしれませんよ。しかも、本人の希望というより、お父さん、お母さんが望む習い事のほうが多い。本当に本人がやりたいことなのかは、疑問。

好きこそものの上手なれといいますが、好きなことでないと上達もしません。ですから、まず本人が好きでやっているヒップホップ（ダンス）教室は残しましょう。水泳教室は、ダンスで身体を動かすのでやめてもいいのではないでしょうか。お母さんの希望のピアノとお父さんの希望の英語教室は、夫婦で話し合ってどちらか１つにしましょう。習い事を半分にして浮いたお金は、大学などに備えて貯蓄しておきましょう。**仮に月１万5000円貯金できたとすれば、大学入学までに200万円近い貯蓄ができるはずです。**

回答：荻原博子

おトクなマイホームは

どっち?

こっち!

マイホーム編

賃貸派、購入派、
結局どっちが
おトクなんですか?

将来後悔しないように、
しっかりコツを
つかみましょう!

?

問題1

低金利で住宅ローンが有利。
家は、いまのうちに
急いで……

A 買う。

B 買わない。

正解は次のページ

答え：B

金利が低いとマイホーム購入には有利だけれど、大きな借金なのでよく考えて！

金利が低いと、物件価格が実質的に下がる効果を生みます。たとえば月8万円（ボーナス払いなし・35年ローン）の返済で金利4％なら約1800万円しか借りられませんが、金利が1・5％なら約2600万円も借りられます。**同じ返済額で800万円も高いマイホームが買えるなら、いま買ったほうがいいと思うかもしれません。**けれど、冷静になって考えなくてはいけないのは、本当にマイホームを買う必要があるのかどうかということ。

マイホームは高い買い物なので、金利だけで買うか買わないかを判断すると、後悔するかもしれません。

たとえば、仕事で転勤する可能性がある人や、将来は両親の面倒を見なくてはいけないので実家で同居の可能性があるという人もいるでしょう。また、独身で、もしかしたらこの先結婚をするかもしれないという人もいるでしょう。

マイホームを買ってもいいのは、そうした手放すリスクがない人。手放す時には、高値で買ったマイホームも、二束三文になってしまいますから。

金利だけにとらわれてはいけないいんですね……

?

問題2

いま住宅ローンを
借りるなら、
金利が低い変動金利が……

A おトク。

B トクではないかも。

正解は次のページ

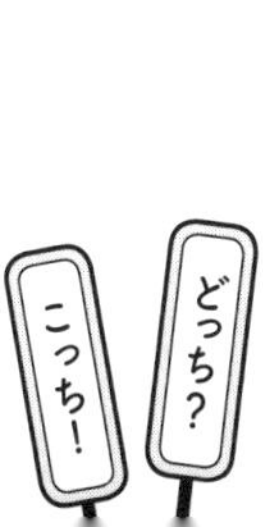

答え：B

返済額が少なくておトクに見える変動金利ですが、意外なところに落とし穴。ただし、繰り上げ返済できればOK。

超低金利で、住宅ローン金利が低くなっていますが、**中でも変動金利の住宅ローン金利の低下が目立ちます。**某大手銀行の場合、変動金利は年0・625％から0・875％（店頭金利は2・475％）。いっぽう20年以上35年までのローン金利は1・66％。

これだけちがえば、返済額も大ちがい。たとえば、3000万円を35年ローンで借りたとすると、1・66％なら月々の返済額は9万4224円ですが、0・625％なら、7万9544円。月々の返済額が、約1万5000円も変動金利のほうが安くなるのです。

3000万円
借りたのに
3200万円に
なった……
変動金利で借りても、どんどん
繰り上げ返済すればOK!!

だとすれば、借りるなら変動金利のほうが有利だと思いがちですが、実は、変動金利には変動金利ならではの落とし穴もあります。

変動金利の住宅ローン金利は、半年ごとに見直されます。一定期間は金利が変わらない固定金利と違って、金利が下がれば低い金利に、上がれば高い金利になるのです。

ところが、金利は半年ごとに見直されますが、返済金額は「5年ルール」というものがあって5年間は変わりません。

たとえば、3000万円を変動金利0・625％で借りると、35年ローンなら月々の返済額は約8万円。ただ、急激に金利が上昇したので半年後に金利2％に見直されても、返済額の月約8万円はそのままです。本来ならば、金利が2％なら支払い額は約10万円になるはずですが、5年間は支払いが月8万円のままなのです。では、差額の2万円は、銀行がオマケしてくれるのでしょうか。

いえいえ、そんなことはありません。**なんと差額の2万円は、未払利息として蓄積されていきます。つまり、そのぶん、総返済額が増えていることです。**

しかも、変動金利には「125％ルール」というものもあって、5年後に返済額が見直され返済額が増える場合でも、125％までしか増えません。8万円の125％といえば10万円。ですから、その時に金利が3％になっていて返済額が約11万5000円になっていたら、1万5000円は未払利息となりローン残高が増えていくことになります。

ただ、変動金利で借りても、繰り上げ返済を積極的に行って元金を減らしておけば、金利が上昇しても怖くありません。共働きなら、変動金利で借りてどんどん繰り上げ返済していけば、固定金利よりも早くローンが終わるかもしれませんよ。

変動金利の
落とし穴に
注意しましょうね！

?

問題3

100万円あったら、投資と住宅ローンの繰り上げ返済どっちがおトク？

A

投資がおトク。

B

繰り上げ返済がおトク。

正解は次のページ

答え：B

早い時期に繰り上げ返済でローン残高を減らせば、支払う利息も減って、資産形成には投資よりも効果的かも。

住宅ローンが残っていたら、そろそろ返済し切ってしまうという人でない限り、繰り上げ返済にまわしたほうがおトクです。

たとえば、3000万円を金利3％、35年ローンで借りて、5年目で100万円を繰り上げ返済すると、総返済額は約239万円減ります（繰り上げ返済には、返済期間を短縮する場合と返済額を低くするパターンがありますが、返済期間を短縮した場合）。**いまどき、100万円投資して、確実に239万円のリターンが得られる投資などありません。だとすれば、投資よりも繰り上げ返済をすべきでしょう。**

ただし、繰り上げ返済は、借りてからあまり年月が経たない時点でしたほうが効果が大きくなります。たとえば、10年目に１００万円を繰り上げ返済すると総返済額は約２０７万円減りますが、15年目だと約１７８万円、20年目だと約１５４万円と、同じ１００万円を返しても、繰り上げ返済効果は徐々に少なくなっていきます。

なので、繰り上げ返済をするなら、できるだけ早いうちにしたほうがいいでしょう。

住宅ローンの
繰り上げ返済は
できるだけ早いうちが
いいんですね！

Check!

「マイホームは、購入と賃貸、どっちがおトク?」

低金利のいま、無理して住宅ローンを借りてでもマイホームを買ったほうがいいのか、このまま賃貸に住み続けたほうがいいのか、迷っている方も多いと思います。

そこで、**マイホームを買った場合と借り続ける場合の損得を考えてみましょう。**

今35歳の人が頭金500万円で3000万円(金利2%、35年ローン)を借りて、3LDKのマンションを買ったとしましょう。この場合のローン返済額は月々約10万円。同じような場所で賃貸を借りたら、月々11万円とします。

こうした状況なら、〝**買う派**〟の方たちは、「**家賃よりもローンの返済額が少ないなら、借りるよりも買ったほうがいい**」と考えるかもしれません。

けれど、マンションを買う時は、ローンを払うお金だけを何とかすればいいのではありません。まず買う時に、業者に支払う手数料や物件の登記料などさまざまな経費がかかります。また、物件価格に消費税もかかります（土地価格には消費税はかかりません）。前述のケースだと、**新築で３００万円、中古で３５０万円くらいは、こうしたもろもろの費用がかかります**。また、住宅ローンを借りる時は、基本的には頭金が必要です。前述のケースでは頭金は５００万円。諸経費と合わせると、手持ちのお金が８００万円必要ということになります。

さらに、３０００万円のローンを借りるといっても、利息も加えた総返済額は約４２００万円。ですから、これに８００万円を足すと約５０００万円になります。

さらに、家を買うと、支払いはそれで終わりではありません。管理費と修繕積立金、固定資産税などを払わなくてはならず、これがだいたい月２万５０００円から３万円、２万５０００円としても35年間で約１０００万円になります。加えて、住んでいると、水洗トイレが流れなくなったり風呂が沸かせなくなったり、エアコンの調子が悪くなったりといろいろなことが起きてきます。賃貸だと、こうした費用は大家さん持ちですが、持ち家になると自分で負担しなくてはなりません。水回りの修繕などは１回30万円くらいかかるケースもざらにあるので、とりあえずこうしたことで年5万～6万円かかるとすると、35年で約200万円になります。これで、総額約6200万円。

いっぽう、借りた場合を考えてみましょう。家賃は上がらないものとして2年に1回の更新の時に家賃2ヵ月分を支払うとします。そうすると、35年間での支払いは約5000万円。つまり、35年間で考えると、借りるよりも買ったほうが支払いの負担額は約1200万円多いということになります。

ただし、35年間支払っていた住宅ローンが終わると、賃貸に比べて持ち家のほうが、月々の出費はぐっと低くなります。それを考えると、**やはり賃貸よりも買ったほうがいいように思うかもしれませんが、そうとばかりは言えない現実もあります。**

それは、いまから35年後に世の中がどうなっているかです。いま、空き家問題が深刻化しています。都心でも1割が空き家だといわれていますが、野村総合研究所によれば、このままだと2033年には3割が空き家になるそうです。しかも、この先さらに少子高齢化が進み、35年後には団塊の世代がどんどん亡くなっていきます。団塊の世代は、ほとんどが持ち家を持っていたので、空き家問題はさらに深刻化していることが予想されます。膨大な数の空き家があれば、借り手市場。賃料は上がるどころか、かなり下がることが予想されます。

そうなれば、家賃も今の半額の5万円ほどになっているかもしれません。**35年後に70歳になっている人なら、平均寿命まで月5万円の家賃で住み続けたら、持ち家の人と同じくらいの出費になります**。また、賃貸に住んでいる人が、分譲で買った人との差額分の約1200万円を貯金していたとしたら、そのお金で中古のマンションを安い価格で買うということも充分にできます。

つまり、**損得だけで見たら、マイホームは、買っても借りても結局は同じようになるのではないかと思います**。

あとは、「一国一城の主になりたい」「心置きなくペットを飼いたい」「ここを一生の住処にしたい」という人は購入を（最近は、ペット可の賃貸もありますが）。「古くなったら新しい住まいに換えたい」「ライフスタイルに合わせて住まいのサイズを換えたい」「定年後は、海辺に住みたい」などという人は賃貸を。

お金での損得はあまりないので、生き方で決めるということでしょう。

Check!

「マイホームを買うなら、モデルルームを見に行く前に、買える額を算出しましょう！」

マンションを買おうと思いたったら、まずモデルルームに行って物件を見るという人が多いようです。

確かに、いろいろな物件を見て目を肥やすのも必要ですが、その前に、**やっておかなくてはいけないのは、自分にはいくらくらいの物件なら無理なく買えるかという計算です。**

自分で買える物件の価格は、「自分で貯めたお金＋親などからもらうお金＋組める住宅ローン－購入時点にかかる諸経費」で決まります。その額が3000万円だったら、3000万円の価格帯に絞って物件を探し、その中で最良のものを選ぶべきでしょう。

ローンの計算は、ネットのシミュレーションなどを使っておこなうことができます。

　その際には、住宅を買う時の手数料も、しっかり考慮しておかなくてはいけません。

　ほかにも、**固定資産税、管理費、修繕積立金など様々なお金がかかってくることも計算に加えておきましょう。**

　こうした計算がなく、いきなりモデルルームに行き、勢いで購入してしまうと、買った後に支払いが苦しくなって後悔することになるかもしれません。背伸びして無理をすると、後が大変ですよ！

自分で買える物件の価格

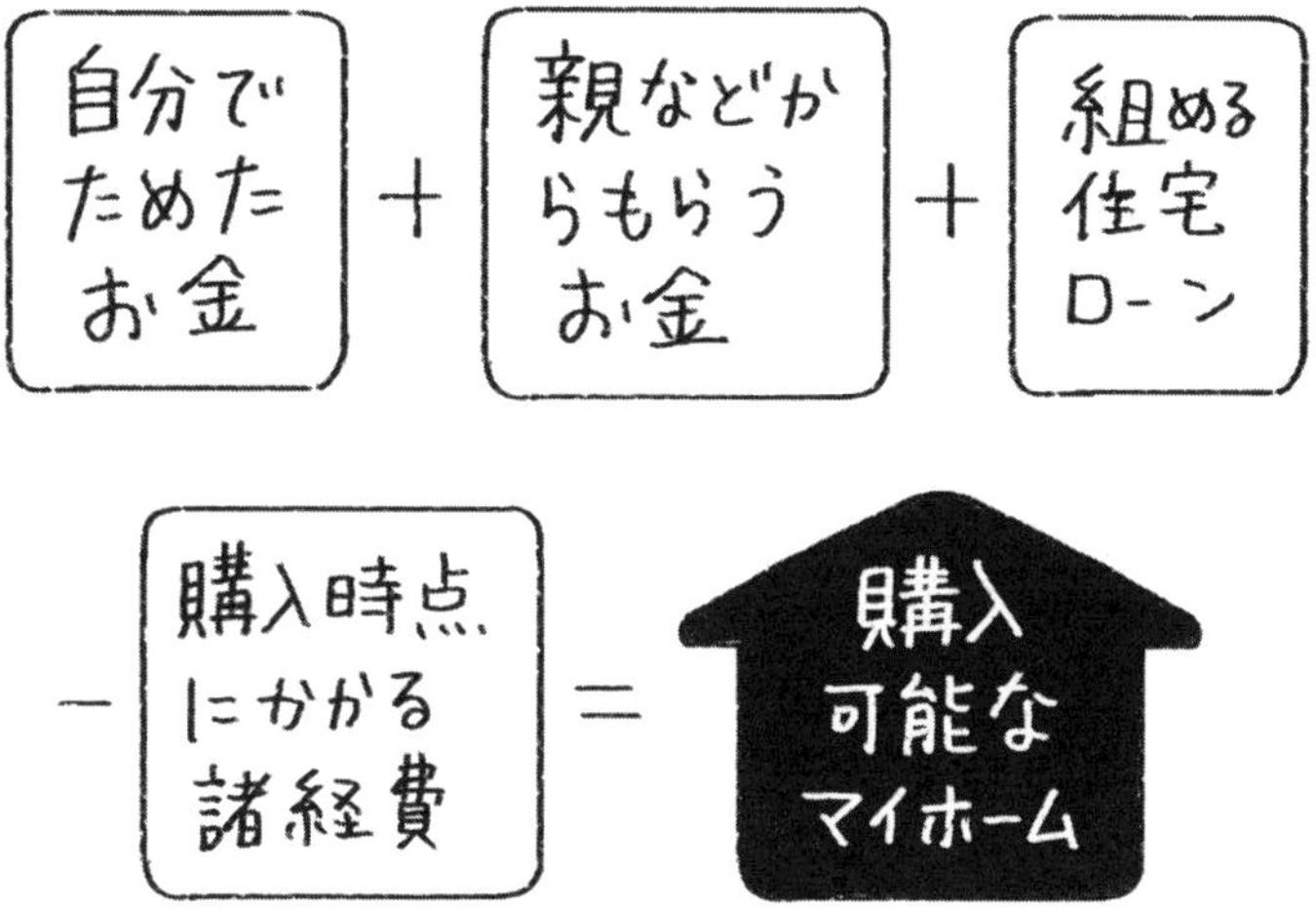

Check!

「住宅ローンを借りるなら、まず給与振込口座の銀行と、諦めずに交渉しましょう」

インターネットを見ると、名前も知らない銀行が、安い金利で住宅ローンを貸し出しています。住宅ローンは、長期の借り入れになるので、0・1%でも安いほうがいい。

ただ、安いからといって飛びつく前に、チェックしなくてはいけないこともあります。**自分の給与が振り込まれる銀行が金利の安い住宅ローンを扱っているのなら問題ありませんが、銀行がちがうと、毎月、その銀行に住宅ローンの支払い額分を移し替えなくてはならない**からです。そうなると、入金し忘れたり、振込手数料がかかるなどの可能性も出てきます。最近は、銀行によっては給与振込口座から手数料無料で住宅ローン額を引き落としてくれるところもあるので、そうしたところだと問題ないでしょう。もうひとつ、給与振込や年金振込、公共料金の引き落としなど、家計のお財布代わりに使っている銀行だと、その利用度合いに応じて金利を下げてくれるというところもあります。また、表向きは決まった金利でも、支店の裁量で多少なりとも金利を下げてくれるケースもあります。

金融機関も、サラリーマンの住宅ローンは貸し倒れが少ないというデータがあるので、**支店に長年の取引実績があり、勤めている会社もしっかりしていて、滞納などもなくきちんと支払いができる人なら何としてでも貸したい**と思うことでしょう。しかも、いまは金融緩和で資金は潤沢にあるのに、貸出先がない状況。ですから、交渉の余地は充分にあると思ってよいでしょう。借り換えの場合も、こうした支店独自の裁量は利きます。

実は、住宅ローンが返せなくなった時にも、メインバンクだと交渉しやすいのです。ネット銀行などは金利が安いのが大きなメリットですが、すべてがネットや電話でのやり取りなので、込み入った話になるとスムーズにいかない面もあります。その点、メインバンクだと家計の内情もわかる担当者と会って相談できるので、安心感があります。

ちなみに、銀行の担当者は、住宅ローンが焦げ付いて自己破産されて回収不能になることを絶対に避けたい。それが、出世に響く銀行もあります。ですから、相談すれば、あの手この手で何とか返済できるようにプランを組み替えてくれるはずです。

Check!

「リノベーションしても、マンションの場合は、躯体は変えられません！」

人間だって見た目が
良くても骨がスカスカ
だと長持ちしない
よねぇ

住まいのリノベーションが、人気です。

リフォームとリノベーションの違いは、**リフォームとは中古のマンションを新築の時のように改装すること。いっぽうリノベーションとは、今ある建物を大規模改修して新築の時よりも性能を高めること。**システムキッチンを最新のものにしたり、浴槽に最新の機能をつけたり、間仕切りを取り払ってリビングを広々とした空間にしたりと、それまでとガラリと違う部屋に改装してしまうのがリノベーション。

イメージで言えば、3LDKのマンションを買った時のようになおすのがリフォーム。子どもが社会人になって出ていって夫婦2人だけの生活になったので、思い切って部屋の間仕切りを取り払って広々としたワンルームにしてしまうのがリノベーション。もちろん、人が来たら、簡単に部屋が仕切れたり、換気機能を高めて部屋で焼き肉ができたりと、時代や暮らしに合わせ最新の機能をつけ性能を向上させることがポイントになります。

最近は、調理で出た生ゴミをそのまま排水口に流してフタをすれば、あっという間に粉砕されてしまう生ゴミ処理機や、窓などのガラスを二枚重ねにして寒暖の差を少なくするエコな複層ガラス、ビルトイン浄水器など新しい設備がどんどん出てきていて、こうしたものも積極的に取り入れられます。

ですから、最近は**新築マンションを購入するのではなく、適度な広さがある中古マンションを購入して、これを自分たちのライフスタイルに合わせてリノベーションして住む**という人も増えています。たとえば、新築で3000万円のマンションは、中古なら2000万円くらいで手に入るので、こうしたものを買って1000万円かけてリノベーションするというケースも多いようです。また、最新の設備を備えたリノベーション物件は、売る時にも売りやすいという利点があります。

ただ、注意したいことが2つあります。

1つ目は、リノベーションする時にローンを借りる場合、通常の住宅ローンよりちょっと金利が高めになるケースがあること。もう1つは、いくら室内が最新鋭のものにかわったとしても、建物の躯体や、マンションの場合には共用部分などは自分では刷新することができないということ。特にマンションは、玄関を入って、エレベーターに乗って、廊下を歩いて我が家にたどり着くまで、すべて共用部分です。**実は、自宅のドアも廊下側は共用部分。ですから、勝手にドアを付け替えるということはできません。**さらに、部屋に入っても、自分のものと言えるのは手で触れられるところだけで建物の躯体は共用。たとえば、隣同士の部屋を購入し、あいだの壁に行き来できるドアをつけるということは、壁の中が共用部分なのでできません。また、ベランダに出たら、手すりもすべて共用部分。本来なら、納戸や植木鉢を置いたりすることはできないのです。

マンションの共用部分は、リノベーションでは刷新できません。ここが老朽化していると、どんなに見た目が美しく便利で最新鋭でも、住まいとしては長持ちしません。

ですから、リノベーションの見た目に騙されず、中古マンションの場合には、まず築年数や管理状況をしっかりチェックすることが大切でしょう。どんなに部屋が快適に住める状況になっていても、建物自体が老朽化していては長く住み続けることはできないし、資産価値も落ちてしまいますから。

コラム

5

被災したら覚えておきたいお金のこと

地震や津波に遭遇したら、財産よりも命を最優先する！

被災したら、あれもこれも持っていこうとして逃げ後れないようにしましょう。通帳やキャッシュカードなどは紛失しても罹災《りさい》証明書、口座番号、本人確認などで預金を払い戻してもらえます。被災直後なら、緊急的な対処として、運転免許証などで本人確認ができれば、10万円から30万円ほど払い戻されるケースが多いでしょう。

株券、投資信託などは、ほとんどが電子管理されているので、本人確認さえできれば心配いりません。これは、生命保険の保険証券も同じ。手形、小切手などを喪失、紛失した場合は、簡易裁判所で法的手続きを取れば、時間はかかりますが再発行可能。あまりに時間がかかりすぎる場合には、“つなぎ融資”などを受けられるケースもありますから金融機関に相談を。災害で被害を受けた人は税金も軽減されます。所得税の雑損控除と災害減免法による税金の軽減免除があり、２つ同時には使えないので、税務署でどちらが有利か相談しましょう。

荻原&石井の お金のお悩み相談室

【マイホーム編】

妻は、子どもが小学校に入る前までに一戸建てが欲しいといいます。私は、将来、親と同居するつもりなので賃貸でいいと思っています。一人っ子なので、両親の面倒を見なくてはいけないと思っていますが、その話をすると、妻は、私の両親とはうまくいかない気がするといいます。どうすればいいでしょう。

夫37歳会社員、妻36歳専業主婦、長男５歳、次男３歳の４人家族。両親は、車で20分ほどのところにある一戸建てに住んでいる。父67歳、母62歳。以前は、妻が忙しい時に子どもを預かってもらったりして良好な関係だったが、それが頻繁になりすぎて、外出好きな母親にあまり頻繁だと困ると言われたことがきっかけで、関係がぎくしゃくし始めた。母は、何でも口に出す性格で私は慣れているが、妻にはそれがきつい言葉に思えるらしい。

「嫁姑問題は理屈ではない」と夫婦問題研究家の先生に教えてもらったことがあります。理屈ではないので相談者さんが奥様を説得することは難しいのではないかと思われます。どうでしょう！　一戸建てではなくマンションをお探しになってみては？　マンションだと何かあった時に一戸建てより貸しやすいはずです。今と同じ、車で20分ほど離れたエリアのマンションで暮らす！　そうすれば奥様は毎日笑顔！　姑さんとの仲もその**「程よい距離感」と「時」が解決に向かわせるかもしれません。**嫁姑の仲の悪さを子どもに見せてしまうのも百害あって一利なしです。これまでに奥様がはっきりと相談者さんに「あなたの両親とはうまくいかない気がする」とおっしゃったそうですね。そこまではっきりおっしゃるのは奥様にとって相当決意のいることだったと思います。いかがでしょうか??

回答：石井亮次アナ

夫の家族と同居するといっても、いまは、二世帯住宅でそれぞれのプライバシーを守りながらスープの冷めない距離で暮らすということもできます。

しかも、**親名義の土地に二世帯住宅を建て、親と子が同じ敷地に暮らすと、家を相続することになっても税金が安くなるのです（小規模宅地等の特例）。**

以前は二世帯住宅を建てる時には、玄関が同じか、玄関が別の場合には家の中でつながって行き来できる箇所がなければ認められませんでしたが、今は、こうした規制は緩和され、アパートの１階と２階のように完全に分離して建てられるので、お互いのプライバシーを守りやすくなっています。

最初から、食事や入浴などといった生活は別々で、お互いに干渉しないルールをあなたがつくり、双方で納得できればうまくいくかもしれません。

ご両親のほうが、お二人よりも早く逝かれる可能性があります。そうなったら、今度は自分たちの子どもと二世帯で暮らすこともできるし、アパートとして貸して老後資金の足しにすることもできるでしょう。

回答：荻原博子

おトクな保険は

どっち? こっち!

保険編

いろんな種類があって、
ややこしいですよね……

余分な保険は
見直すのが
おトクですよ!

？

問題1

加入年齢が上がると
支払う保険料が上がる……

A

ので、保険は若いうちに**入ったほうがおトク。**

B

が、あせって若いうちから**入らなくてもいい。**

正解は次のページ

答え：B

保険は、電卓を使って計算すれば、自分にとってソンになりそうかトクになりそうかは、ひと目でわかります。

生命保険では、同じ保障を確保するなら、若い時に入ったほうが保険料は安くなります。

たとえば、死んだ時に1000万円出る生命保険に掛け捨てで60歳まで加入する場合、30歳男性なら保険料は月2400円ですが、45歳だと同じ保障でも4380円と2倍近くなります。55歳だと月6450円とグンと高くなります（注・保険料は会社によってちがいます）。だとしたら、**若いうちに入ったほうが保険料が安くていいような気がしますが、ちょっとこれを違う角度から数字で見てみましょう。**

まず、この保険は60歳まで保障しますが、加入して60歳まで死ななかったとしましょう。この場合、30歳の方が払う総保険料は２４００円×12ヵ月×30年＝86万４０００円。45歳の方が払う総保険料は、４３８０円×12ヵ月×15年＝78万８４００円。55歳なら６４５０円×12ヵ月×５年＝38万７０００円。つまり、60歳までに死ななかったら、なるべく遅く加入したほうがおトク。**契約期間内に死亡しなければ、若いうちから加入している人のほうがソンをするということです。**

目先の支払い額でなく、
トータルでいくら
払うかがカギ！

？ 問題2

掛け捨ての保険は、ソンな気がする……

A ので、**貯金**になる保険に入る。

B が、保険料が安いので**掛け捨て**でいい。

正解は次のページ

答え：B
生命保険の「死亡保障」「医療保障」は、すべて掛け捨て。掛け捨てが嫌なら、入れる保険はありません。

生命保険で保障されるのは、死んだ時に保険金が出る「死亡保障」と、病気やケガで入院した時に給付金が出る「医療保障」。この2つの「保障」は、掛け捨てです。

掛け捨てですから、死んだら保険金が出ますが、死ななければ保険金はもらえません。また、病気やケガで入院したら決められた給付金が出ますが、入院しなければこの給付金は出ません（最近は、通院だけでもOKというものも出ています）。

つまり、**加入中に死亡せず、入院もしなかったら、払った「死亡保障」や「医療保障」の代金は掛け捨てになって戻ってこないのです。**そして、生命保険である以上、必ず「死亡保障」か「医療保障」のどちらか、もしくはその2つがついていなくては保険として成立しません。ですから、掛け捨てが嫌なら、入れる保険はないということです。

こう書くと、「でも、私が入っている保険は、掛け捨てではなくて、ちゃんと満期になったらお金が戻ってくる」という方もいらっしゃるでしょう。

そういう**〝貯蓄型〟といわれる保険は、掛け捨ての「死亡保障」「医療保障」に、貯金がプラスされているものだと考えればいいでしょう。**

よく「○年たつと、100万円のお祝い金が出ます」などと説明されますが、この「お祝い金」は、生命保険会社があなたの無事を祝って出してくれるものではありません。あなたが支払った保険料の中から「お祝い」用のお金がコツコツと積み立てられていて、それが100万円になって戻ってくるのです。

ここではイメージしやすいように、実際とは違いますが、簡単な数字で何となく仕組みを理解してもらおうと思います。

たとえばあなたが、死んだら1000万円の保険金が支払われ、満期まで死ななければ100万円の「お祝い金」をもらえる保険に、月3万円の保険料を支払って加入したとしましょう。そうすると、あなたが支払った3万円の保険料の中から3000円が、保険会社の保険運営のための経費として引かれます。次に、保険である以上は何らかの保障がついていないと成立しないので、掛け捨ての「死亡保障」の代金2000円が引かれます。そして、残った2万5000円が、あらかじめ決められた利回りで運用され、最終的に100万円になって「お祝い金」としてあなたの元に戻ってくるのです。

ですから、もしあなたが、月2万5000円は自分で積み立てていくから、保険は死んだ時の1000万円の保障だけが欲しいと思えば、保険料も月3万円ではなく月5000円でよくなるかもしれません。

「死亡保障」と「医療保障」の掛け捨ての代金は、どこの保険会社もほぼ一緒です。なぜなら、日本人の平均的な死亡率や入院する確率が保険会社によってかわるわけではないからです。けれど、保険会社によって同じ保障でも保険料が違うのはどうしてでしょうか。

それは、保険会社の保険運営の経費が違うからです。保険勧誘員が保険を募集して歩いているところは、それなりに人件費がかかりますが、ネットで販売するところだとそれほど経費がかかりません。そして、この経費については、保険会社がそれぞれ決めています。

ですから、「死亡保障」「医療保障」の額は同じなのに、保険会社によって販売している保険の保険料が違ってくるのです。

保険のお祝い金は、
実は自分で
積み立てているんですね

? 問題3

ネットなど
安い生命保険は
アフターフォローが
良くない気がする……

A が、安いのでいいと思う。

B ので、アフターフォローがしっかりしたものがいいと思う。

正解は次のページ

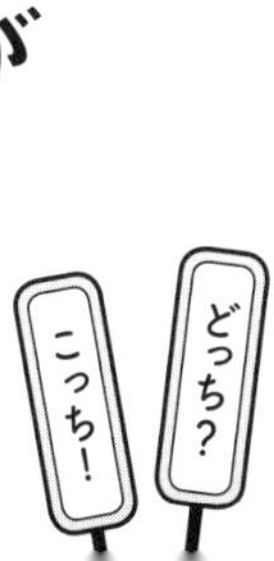

答え：A 保険勧誘員、いわゆる〝保険のおばさん〟に支払うマージンがかからない「ネット保険」は保険料がおトク！

生命保険は、〝保険のおばさん〟にお任せしているという人が多いようです。なぜかと聞くと、「3年ごとに保険のメンテナンスに来てくれるので安心できる」というのです。

いま、ネットなどでは安い保険をいろいろと売っていますが、保険料は高くても勧誘で入った保険のほうがアフターフォローをしてくれるので安心だというのです。

けれど、本当にそうなのでしょうか。

実は、**生命保険はアフターフォローがほとんどない金融商品です**。なぜなら、死んだり病気で入院したりしても、それを見て保険会社がお金を振り込んでくれることはありません。自分で死亡診断書や入院証明書を取り寄せて保険会社に提出しなくてはお金はもらえません。3年ごとに保険勧誘員が保険の見直しにくるのは、本当に心配してきてくれる良心的な人もいると思いますが、保険のマージンが2～3年で切れるケースが多いので、新しい保険に入らせ、そこからまたマージンをもらおうという人も多いようです。ちなみに、**ネット保険の保険料が安いのは、勧誘員のマージンを払わなくてもいいことが大きい**です。

実は生命保険は、
アフターフォローが
ほとんどないんです！

Check!

「保険の基本は助け合いの、〝不幸くじ〟です」

「おトクな保険はありませんか？」

こう聞かれたら、私は「生命保険で一番おトクなのは、加入してからすぐに死んだり病気になって入院したりすることです」と答えています。

生命保険は難しいと思っている人は多いですが、**簡単に言えば、自分の命や健康を賭けたくじのようなもの**です。生命保険では、みんなが保険料を払ってこのくじを買い、不幸にも死んだり病気になって入院したりすることになった人が、みんなが支払った保険料から保険金や給付金をもらいます。その精算は1年ごとに行われ、もし誰も不幸な目にあわなかったら、配当金というかたちでみんなに戻されます。

ですから、自分が不幸な目にあわない限りは、他の不幸な目にあった人のために保険料を支払う「不幸くじ」なのです。

この「不幸くじ」に参加する人は、同じ年齢、同じ性別の人で構成されます。なぜなら、年齢が高くなるほど死亡する確率や病気になる確率が高くなるので、年齢の違う人では不公平になるからです。また、女性と男性だと、女性のほうが元気で長生きするので、一緒だと男性のほうが不利になるからです。

ただし、**県民共済やCO・OP共済は65歳までが1つのグループになっているので、年輩者ほどおトクと言えるかもしれません。**

生命保険に話を戻すと、生命保険の保険料は、年齢、性別にわけた確率で計算されます。10万人がオギャーと生まれたら、その中の何人が年間に死亡するかの確率で保険料が算出されるのです。たとえば、30歳の男性だと30歳までに9万8900人が生存していますが、その年1年間で確率的には64人が死亡します。ですから、その64人に保険料を払うために、9万8900人から1人いくらずつ保険料を徴収すればいいのかということが計算されて保険料が決まります。

ですから、64人の中に入ると保険金がもらえますが、入らなければ保険料を支払って終わりという、自分の命や健康を賭けた「不幸くじ」なのです。

だとすれば、**くじを買うためにそんなにたくさんのお金を払う必要はありません。**買うにしても、必要最低限のお金がもらえる程度にして、あとは貯金にまわしたほうがいいでしょう。114ページで説明したように、これから入るなら貯蓄型の保険が有利というわけではありません。保険は掛け捨てで、必要最低限の保障を買う。あとは、貯金をしっかりしましょう！

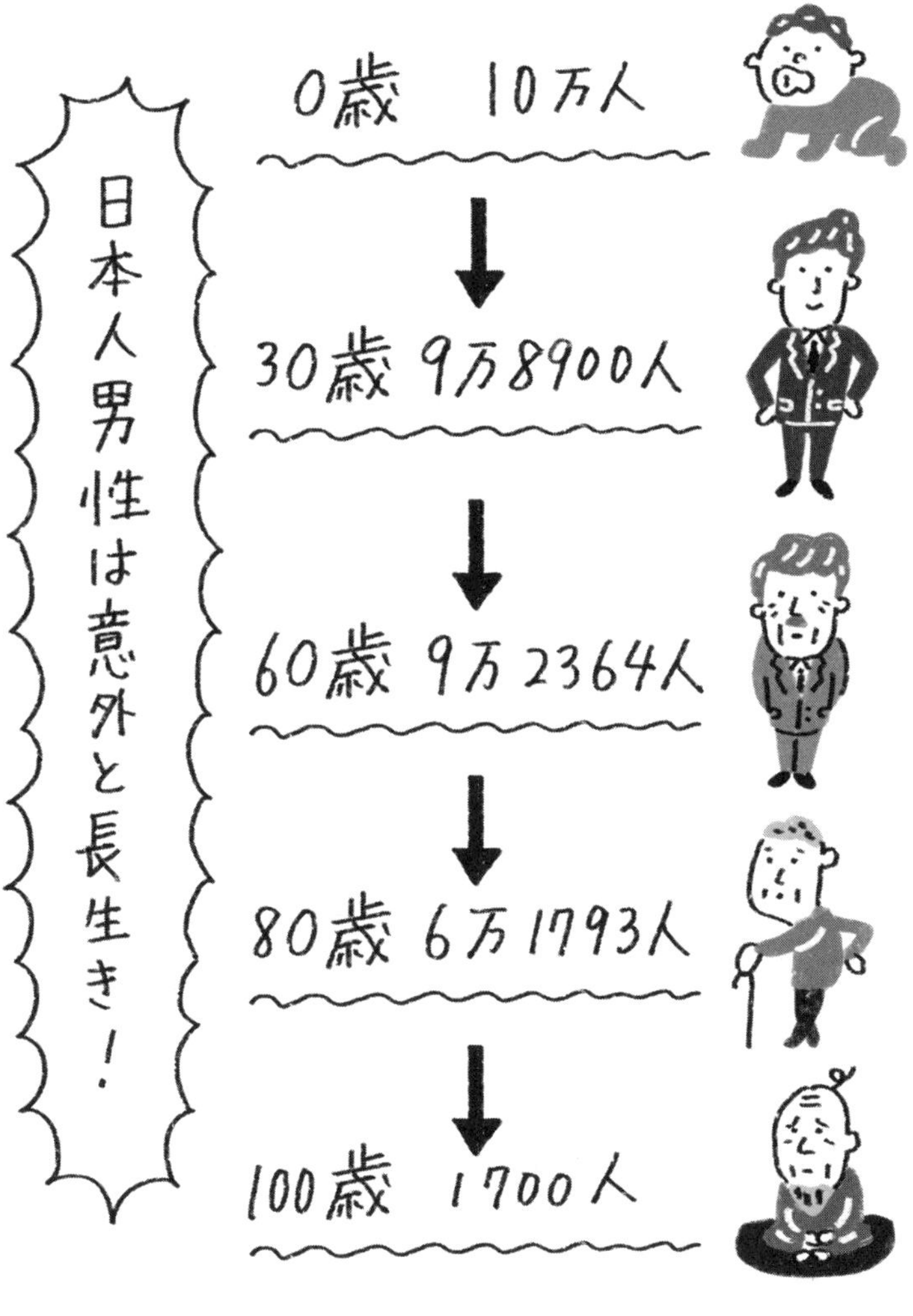
日本人男性は意外と長生き！
0歳　10万人
30歳 9万8900人
60歳 9万2364人
80歳 6万1793人
100歳　1700人

Check!

「保険に入るなら、必要な額を、必要な期間だけ入りましょう！」

「保険は、あなたの命の値段」などと言われると、自分の命の値段ならそれなりの額のものに入らなければいけないと思う人がいるようです。

けれど、保険が「不幸くじ」だとわかったら、そんなに多額にくじを買う必要はないと思えるのではないでしょうか。だって、**1億円の死亡保障を買っても、当たらなければ払った保険料は不幸な目にあった人に渡って自分はお金を払ういっぽうになるからです。**

だとしたら、そんなに多額な保険に入らなくても、必要な額を必要なだけ保険で確保すればいいのではないでしょうか。

生命保険の保障には「死亡保障」と「医療保障」があります。まず、「死亡保障」から見てみましょう。

「死亡保障」の額の目安は、子どもが社会人になるまでは1人1000万円が目安です。日本では、家族を残して他界すると、残された遺族が路頭に迷わないように遺族年金が支給されるからです。

たとえば、サラリーマンの場合、妻と幼い子どもたちを残して他界したら、子どもが18歳になるまでは月々15万円前後（収入や子どもの数などで異なる）が支給されます。また、住宅ローンがあっても、ローンを借りる時に団体信用生命保険に加入している人が多いので、死亡すると保険料とローンの残債が相殺されて、家のローンがなくなるケースがほとんどです。**ローンの支払いがなくなった家に住み、月々15万円前後の遺族年金がもらえたら、奥さんがちょっとパートに出れば残された親子は何とか食べていけるでしょう。**サラリーマンなら、会社からまとまった額の死亡退職金も出るでしょう。

ただ、そこで何とかならないのが、教育資金。大学に行くにも国公立で500万円以上かかり、私立だともっとかかりますから、奥さんがパートをするくらいでは子どもを大学まで行かせることはできません。そこで、子どもの教育費として1人1000万円ずつは用意してあげたい。貯金がなければ、それを生命保険で補いましょう。

ただ、子どもが社会人になってしまえば、教育費の心配はなくなります。ですから、「死亡保障」については、子どもが社会人になるまで、1人1000万円と覚えておけばいいでしょう。自営業者の場合には、収入の内容によってサラリーマンに比べもらえる額が少ないので、もう少し必要かもしれません。

以前は妻が死亡しても遺族年金は出ませんでしたが、**平成26年4月からは、妻が亡くなって夫や子どもたち（18歳未満）が残された時にも、遺族年金が出る**ようになりました。たとえば、2歳と3歳の子どもを残して妻が他界したら、年金支給要件を満たしていれば専業主婦でも月8万円程度の遺族年金が出ます。

医療保障については、今の日本の医療制度だと、月に100万円の治療を受けながら半年入院しても、40万円くらいしかかかりません。

なぜなら、**「高額療養費制度」という、医療費が一定額以上になったら超えた額を戻してくれる制度がある**からです。たとえば、70歳未満で年収約370万円から約770万円の人が入院し、月100万円の治療費がかかったとします。3割負担なら30万円が自己負担になりますが、「高額療養費制度」があるので、病院の窓口ではいったん30万円を支払っても、請求すれば後から21万2570円を戻してもらえます。自己負担は8万7430

円です。

しかも、**4ヵ月目からはさらに下がって、月4万4400円になります。**

また、病気で会社を休んでいるあいだ、給料の3分の2が傷病手当金として健康保険から支給されます。支給期間は、最長で、1年半。ですから、ある程度の貯金があれば、イザという時も対処できるのではないでしょうか。

うつ病のように治療が長くなって、傷病手当金の期間を超えてしまう病気の場合には、公的年金の障害年金給付を受けられます。障害年金は、肉体的な障害だけでなく、精神的な障害もカバーしてくれます。

Check!

「がんの治療でも、健康保険が利くケースは多いんです！」

健康保険は、がん治療や高度医療を含む先進医療には利かないのではないかと思っている人が多いようです。

けれど、**がんの場合は、健康保険、国民健康保険が利くケースが多いので、費用面ではそれほど心配はいりません。**確かに健康保険の対象とならない先進医療の中には、重粒子線治療や陽子線治療など300万円前後かかる治療もあり、こうしたものに備えるには保険が必要かもしれません。ただ、全国にいるがん患者約153万人のうち、こうした治療を受けているのは2400人ほど（平成24年7月〜平成25年6月）。割合にすると全体の0・16％で、ほとんどの人は健康保険対象の治療をしています。

さらに、がんの治療が長引くなら、障害年金を申請すればもらえる可能性があることも知っておきましょう。

障害年金は、病気やケガなど身体に障害を受けた人が受給できる年金なので、人工肛門《こうもん》をつけるなど身体の機能が目に見えて変わった時でないと受けられないと思っている人は多いようです。

けれど、外からは見えにくい抗がん剤での倦怠感や貧血、下痢、嘔吐がある場合なども対象となるケースが多いので、覚えておきましょう。

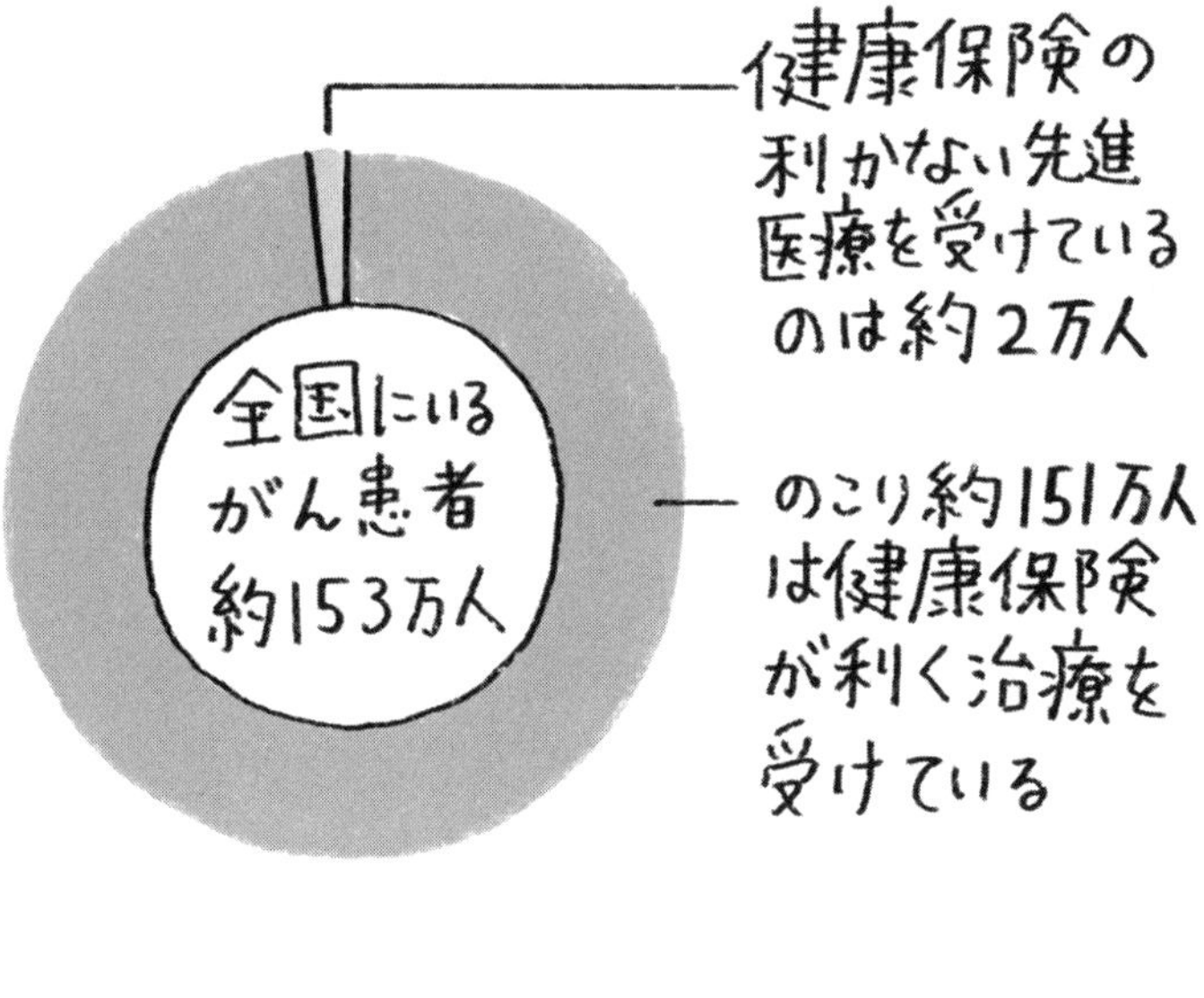
健康保険の利かない先進医療を受けているのは約2万人
全国にいるがん患者約153万人
のこり約151万人は健康保険が利く治療を受けている

\ Check! /

「保険と運用、二兎を追えば、リスクも2倍になりますよ！」

最近出てきている新しいタイプの生命保険の中に、運用次第で満期にもらえるお金が増える（減る）というものがあります。単に生命保険の保険料を払っているだけでなく、運用までしてもらえたら一石二鳥だと思う方もいるかもしれません。

ただ、一石二鳥どころか二兎を追うものは一兎をも得ずということになってしまうかもしれないので注意しましょう。

生命保険は、命や健康を賭けたくじのようなものです。そこに投資信託や外貨預金などの投資商品を組み合わせたのが、変額保険やドル建ての生命保険です。

そもそも、生命保険というのは、同じ年齢、同じ性別でグループをつくって、その中で

不幸な目にあった人がみんなの払った保険料をもらう「不幸くじ」のような金融商品。**不幸な目にあわないと自分が支払った保障料は戻ってきませんから、ある意味リスクがある金融商品です**。そこに、さらに投資リスクを乗せると、リスクは二重になります。

しかも、投資信託や外貨預金は、無料でセットされているわけではなく、運用に手数料がかかります。

だとすれば、手数料を払って運用しているという意識が持ちにくいので、生命保険とは別に運用したほうがいいでしょう。

Check!

「地震は、忘れたころにやってくるんです！」

地震が原因で家が倒壊したり火災で燃えてしまったりしたら、通常の火災保険では対応できません。地震に対応するためには、地震保険に加入する必要があります。

先日の熊本地震にびっくり仰天し、地震に縁がなかった地域にお住まいでも、これから加入しようと思っている方は多いのではないでしょうか。

地震保険は、火災保険の補償額の半額までしか加入できません。火災保険に2000万円入っていたら、地震保険には1000万円までしか入れないということ。

東京で木造などの非耐火だと、建物の補償金額1000万円あたり保険料の目安は3万2600円で、全損したら1000万円支払われますが、半損（被害額が時価の20〜

50％未満など）だと500万円、一部損（被害額が時価の3～20％未満など）だと50万円になります。

窓ガラスが数枚割れたとか屋根の瓦が数枚落ちた程度だと保険金がおりないケースがほとんどです。なので、**地震で建物被害を受けたから保険金で建て直すというのはほぼ不可能。当面の生活資金を確保する保険と考えたほうがいいでしょう。**

入るなら、5年分を一括支払いすると、4.45年分の保険料になります。

主な地域の地震保険の保険料（財務省HPより）

保険金額1000万円あたり保険期間1年につき（単位：円）

都道府県	耐火	非耐火
北海道	8400	16500
宮城県	8400	16500
埼玉県	13600	24400
東京都	20200	32600
長野県	6500	10600
愛知県	20200	32600
大阪府	13600	24400
広島県	6500	10600
愛媛県	11800	24400
福岡県	6500	10600

荻原&石井の お金の お悩み相談室

【保険編】

父が亡くなり、母にまとまった額の生命保険の保険金が入りましたが、先日、その保険金で、母がたくさんの保険に入っていることに気づきました。少し整理したほうが良いと言うと、保険の勧誘員に親切にしてもらっているのでやめられないと言います。何だか、言いなりになっているようで、兄弟で心配しています。

母77歳、兄50歳、私47歳。父は2年前に亡くなり、母は、父が遺した家でひとり暮らし。同じ県内に暮らしているが、私も兄もそれぞれ家庭を持っているので、月に1～2回しか母のところには顔を出せない。保険の勧誘員は、そんな母の話し相手になってくれているらしい。ただ、最近、5つの生命保険に入っていることがわかり、そんなに必要ないんじゃないかと言ったら、「私のお金なんだから、どう使おうと勝手でしょう！」と逆ギレされた。

　私ごとですが去年父親を亡くしました。母親は明るく振る舞ってはいますが相当にショックだったはず。相談者さんのお母様の寂しさも想像に難くありません。ご相談拝読させていただきました。傷心のお母様はご自身のお金を無駄遣いするでもなく「生命保険」に使ってらっしゃるわけですから、**私もお母様の「自分のお金なんだからどう使おうと勝手でしょ」に同感です。**ましてや生命保険ということは万が一の際に相談者さんをはじめ残された皆さんにお金が入るように対策をしてらっしゃるわけですよね。素敵なお母様に拍手です！

　月に１～２回しかお母様のところに顔を出せないのであれば、電話やメールだけでもマメにされるとお母様は喜ばれると思いますよ！

回答：石井亮次アナ

入りすぎている保険の整理をする時に大切なのは、
(1)どれくらいの保障がついているか
(2)貯蓄性はあるのか
(3)どれくらいの保険料を支払っているのか

77歳のお母様だと、たとえば月に200万円の医療費がかかったとしても、自己負担額は一般なら月4万4400円。所得がなければ、月1万5000円というケースもあります(高額療養費制度)。ですから、医療保障はそれほど必要ないでしょう。死亡保障については、誰にどれくらい残すのかが問題。額が多すぎると、相続税が発生するかもしれません。

まず、保障の適正な見直しをして、次に、貯蓄性のチェック(115ページの利回り参考)をしましょう。

そのうえで、**必要なさそうな保険を選び解約するためのリストをつくってお母様に渡し、勧誘員の方に「息子がこう言っているのだけど……」と渡してもらう。**

人間関係に縛られ解約できなくても、身内の目が光っていることを相手に感じさせれば、これ以上、お母様を保険に加入させない牽制になるでしょう。

回答:荻原博子

おトクな老後は

どっち?

こっち!

老後編

老後のお金のことを考えると、心配で……

クイズに答えてお金の不安を解消しましょう!

？

●問題1

サラリーマンなら、
老後に必要なお金は、
最低でも……

A

3000万円。

B

1500万円。

正解は次のページ

答え：B

住むところと年金と貯金があるサラリーマンならば、最低限1500万円あればなんとかなるでしょう。

「老後資金は1億円必要」という人もいれば、「5000万円」「3000万円」という人もいて、そんなに貯金できるのかと、不安になる方も多いでしょう。

もちろん、年金がなく、住むところもなく、貯金もないまま夫婦で老後に突入したら、65歳から85歳までの20年間では1億円必要かもしれませんが、**多くの方は、住むところがあり、サラリーマンならそれなりの年金、貯金、退職金などもある方が多いでしょう。**

そういう方は、老後は「最低限1500万円」というのがひとつの目安になります。

年金受給額の平均（総務省家計調査報告2015年）は、夫婦で約22万1000円。いっぽう、夫婦2人の老後の生活費も、月ほぼ22万円。家計調査では65歳から69歳の無職世帯の生活費の平均は約28万円ですが、平均人数が2・51人なので、2人で計算し直すと約22万円となり、もらえる年金額の範囲内でほぼ暮らせることになります。

将来的には年金の目減りもありますが、年をとると使うお金も減るので何とかなるでしょう。そうなると、ほかに最低限用意しておかなくてはならないのが、介護費用と医療費。

介護費用を見ると、生命保険文化センターのアンケートでは、**実際にかかった1人平均の介護費用は約546万円。2人だと、1000万円ちょっとです。**こう聞くと、意外と少ないと感じる方もおられると思いますが、介護されずに逝く人もいるし、昔とちがっていまは介護保険があるので平均的にはこれくらいですんでいるようです。だとすれば、2人で約1000万円ということになります。

医療費については、保険のところでも書きましたが、高額療養費制度という医療費を軽減する制度があります。70歳以上だと、一般的な収入の方ならどんなに高額な治療をしても月4万4400円以上はかかりません。しかも、高額療養費制度では、使った費用を世帯合算できるので、夫婦そろって入院してそれぞれ100万円の治療を受けたとしても、治療費の自己負担は2人分で月4万4400円ということです。

いまは、治療が長期にわたる精神的な病気以外は1ヵ月以内に退院させられる病院がほとんど。**通院の場合には、この費用はさらに安くなり、夫婦で1ヵ月病院に通い詰めてもそれぞれ1万2000円ですみます。**だとすれば、老後の医療費は、200万〜300万円見ておけば、何とかなるのではないでしょうか。

そのほか、葬式代なども考えると、「最低限1500万円あればいい」ということになります。それで足りなければ、持ち家を売却して老後資金に充てるということもできます。

老後の資金は、
最低限いくらあればいい?

(介護費用約500万円 + 医療費など約250万円)

×

2人分

=

合計約1500万円

介護費用と医療費は、最低1500万円必要なんですね

問題2

国の財政が大変なことになっている……

A ので、年金は破綻する。

B けれど、年金は破綻しない。

正解は次のページ

答え：B

世界から見れば、日本は断トツのお金持ち。簡単には財政破綻しませんし、年金制度も崩壊しません。

国が破綻しない限りは、年金も破綻しません。なぜなら、国が破綻しないのに年金だけを破綻させたら、すでに年金保険料を25年以上払っていて、将来、国が年金を支払うと約束した人たちが、約束違反ということでいっせいに国を相手取って裁判を起こすことでしょう。そうなると国は負けて、年金で払う何倍ものお金を一度に支払わなくてはならなくなるので、それで国家破綻してしまう危険性があります。

ですから、それだけは避けるはずです。ちなみに、**現在支払われている年金の半分は税金です。国は、この割合を増やすことができます。**

では、国は財政破綻しないのでしょうか。

よく、日本の国債などを合わせた借金は1000兆円を超えていて借金だらけなので破綻すると言われます。けれど、国債の3割は政府と一心同体の日本銀行が持っていて、金融緩和でその額はどんどん増えています。ということは、借金が減っているようなもの。

ギリシャとちがって日本政府には、国民から税金を取る徴税権があります。しかも、漏れなく取れる打ち出の小槌〝マイナンバー〟も導入されました。また、日本が貧乏だと思っているのは、日本人だけ。日本は世界で最もたくさんお金を貸していて、海外に持つ資産から負債を引く（対外純資産）と、なんと約340兆円になります。世界で断トツのお金持ち。ですから、世界で大変なことが起きると信用力のある日本円が買われ日本国債が買われるので、円高になり、金利も下がります。

つまり、日本は破綻せず、年金も破綻しません。ただし、もらえる額は少なくなります。

?

問題3

将来、年金をもらうためには……

A 保険料を払わないとダメ。

B 届けが出ていればもらえる。

正解は次のページ

答え：B

収入が低くて保険料が払えないという人は、年金を諦める前に届出を。半分の額の年金がもらえることも。

公的年金の保険料は、サラリーマンだと強制的に給料から引かれますが、自営業者は自分で納付しなくてはならないので払わない人も多く、いまでも4割近い人が年金を納付していません。

けれど、年金に加入していないと、**老後に公的年金がもらえなくなるだけでなく、自分が死んだ時の子どもたちへの遺族年金や、ケガをしてしまった時の障害年金などをもらうこともできません**。自営業者の場合、遺族年金は年間78万円+子ども加算（第1子、第2子は各22万4500円、第3子以降は各7万4800円）。サラリーマンだと、この上に遺族厚生年金も上乗せされます。遺族年金は、夫だけでなく妻が亡くなった場合にも支給されます。また、病気やケガで障害状態になったら、程度によって金額は変わりますが障害年金が出ます。うつ病など精神的な病気も障害年金の対象になっています。

ですから、年金には加入しておかなくてはいけませんが、収入が少ないのに保険料が高いので払えないという方もいます（平成28年度は月1万6260円）。

収入が少ない方は、免除の届けを出して受理されれば、保険料を一銭も払っていなくても、将来、通常もらえる年金額の最高で半分まではもらうことができます。また、遺族年金、障害年金ももらえます。なぜ、年金額の半分がもらえるのかといえば、支給される年金の半分は税金でまかなわれているからです。

免除には、次ページの表のように4段階あって、全額免除なら、40年間一銭も保険料を払っていなくても、40年間払い続けた人の最高半分の額の年金をもらうことができます。4分の3免除は、保険料を4分の1払うケース、2分の1免除は保険料を通常の半分だけ払うケース、4分の1免除は、4分の3払うケースです。

ちなみに、サラリーマンの妻で年収が130万円未満なら、自分では保険料を負担しなくても年金に加入していることになっています（第3号被保険者）。ただ、自営業者の妻や、サラリーマンの妻でも夫が65歳以上で自分が60歳以下なら、自分で保険料を支払わなくてはなりません。その時に、**夫にあまり収入がなく、自分にも収入がなかったら、免除が適用されないか〝ねんきんダイヤル〟で聞いてみましょう。**

ほかに、失業による免除や学生の納付猶予などもあるので、支払いが大変だったら年金事務所や自治体の健康保険課で相談してみましょう。

	単身世帯	2人世帯（夫婦のみ）	4人世帯（夫婦と子ども2人）
全額免除	57万円（122万円）	92万円（157万円）	162万円（257万円）
3/4免除	93万円（158万円）	142万円（229万円）	230万円（354万円）
半額免除	141万円（227万円）	195万円（304万円）	282万円（420万円）
1/4免除	189万円（296万円）	247万円（376万円）	335万円（486万円）

免除となる所得の目安。()内は給与所得者の年収の目安。子どもは16歳未満。

年金が払えなくなったら、キチンと届出をしましょう！

Check!

「もらえる年金額は、年々目減りしていきます」

公的年金で一番気になるのは、自分は将来どれくらいもらえるのかということ。この額は、状況次第で変わってくるので、いくらもらえるとは言えません。ただ、物価が上昇すれば相対的にもらえる年金は減る仕組み（マクロ経済スライド）になっているので、ひとつの目安としては、現在支払われている年金額から、1年遅く年金をもらうごとに0・9%引いていくと当たらずとも遠からずということになるのではないでしょうか。

現役時代に700万円の年収があるサラリーマンなら65歳になって妻と2人で月にもらえる年金は25万円ほど。これを基準に、1年で0・9%ずつ年金額を減額していくと、次のようになります。

目安
◇今の60歳は、月約24万円
◇今の55歳は、月約23万円
◇今の50歳は、月約22万円
◇今の45歳は、月約21万円
◇今の40歳は、月約19万円

現役時代の年収が５００万円の人だと、現在、夫婦２人で月約21万円の年金をもらっていますから、これを基準に同様の計算をすると、**今の50歳は月約18万円、40歳は月約16万円**ということになります。どちらにしても、ある程度の自助努力が必要でしょう。

Check!

「公的年金は、長生きした人に有利な制度です」

基礎年金は65歳からの支給ですが、実は、60歳からもらいはじめることもできるし（繰上げ受給）、70歳からもらいはじめることも可能です（繰下げ受給）。

これから年金をもらおうという人は、**65歳よりも1ヵ月早くするごとに0・5%ずつ減額**されます。ですから、60歳で年金をもらいはじめると0・5%×60ヵ月で30%の減額になります。逆に、65歳を過ぎてからもらうと、**1ヵ月遅くなるごとに0・7%ずつ給付額が増え、70歳だと42%**の増額になります。

たとえば、65歳時点で月5万円の年金をもらうとしたら、60歳からもらうと30%減額の月3万5000円になり、70歳からもらいはじめると月7万1000円に。60歳と65歳で

公的年金の損益分岐点

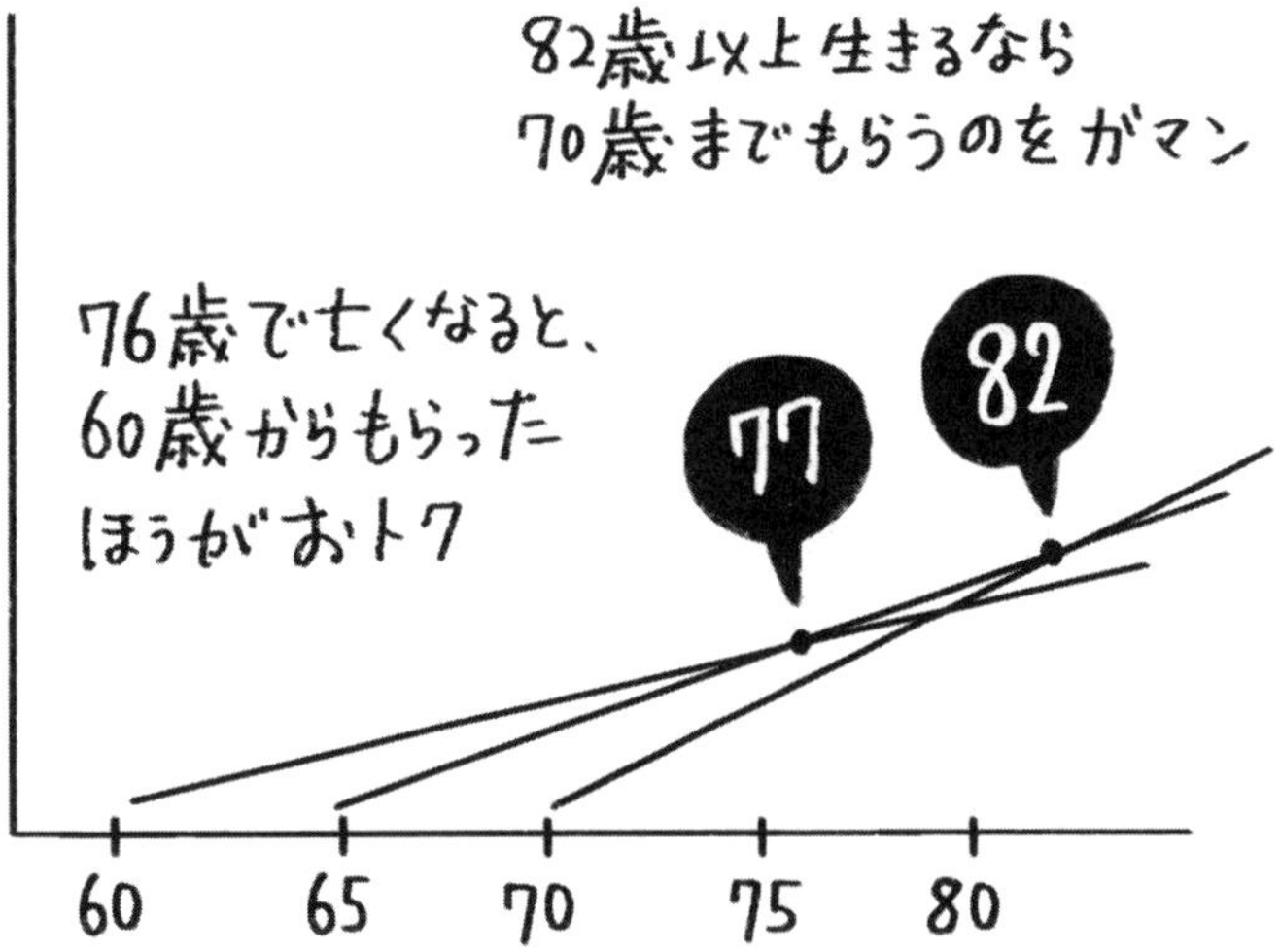
82歳以上生きるなら
70歳までもらうのをガマン
76歳で亡くなると、
60歳からもらった
ほうがおトク
77
82
60
65
70
75
80

もらいはじめるのを比べると、年金額が毎年変わらないとすれば**損益分岐点は77歳**。

年金は、死ぬまでもらうことができますから、もし77歳以上生きられれば、65歳からもらったほうが、生涯受給額は高くなります。

けれど、人の命はわからない。もし、72歳くらいで亡くなると、60歳からもらっておいたほうが100万円余分にもらえます。

逆に、70歳までもらうのを我慢するなら、82歳以上生きればおトクです。

Check!

「パートの妻は、年収106万円から年金保険料を徴収される!?」

パートをするなら、少しでも手取りを増やしたいと思うのは人情。いままでは、年収103万円の壁は超えても手取りが増える人が多かったのですが、130万円を超えるとサラリーマンの妻の場合、自分で国民年金、国民健康保険の保険料を支払わなくてはならないので、なるべく超えないようにしようという人が多かったと思います。

ところが、**平成28年10月から、新たな壁が登場します。従業員501人以上の企業で、週20時間以上、年収106万円以上（賃金が月に8万8000円以上）、雇用期間が1年以上のパートは、会社の厚生年金、健康保険に加入しなくてはなりません。**

最初は従業員数501人以上の企業ですが、厚生労働省はこのラインを徐々に引き下げ、最終的には600万人が厚生年金、健康保険に加入するのを目指しています。会社の厚生年金も健康保険の保険料は、半分は企業が出してくれるので、**シングルマザーなど、これまで自分で国民年金保険料や国民健康保険料を支払っていた人にとっては、負担が軽くなるかもしれません。**

けれど、「130万円の壁」にまもられていた主婦にとっては、稼ぎの中から1割近くが保険料として徴収されるのですから、大変かもしれません。

Check!

「個人年金は、昔はお宝、今は増えない」

公的年金に頼れないとなると、「いまから個人年金に加入したほうがいいのか」と思う方もいることでしょう。

個人年金には、大きく2つのタイプがあります。「月々○万円払えば、将来○万円もらえます」という、あらかじめ将来もらえる額が決まっているオーソドックスなタイプと、変額個人年金といって運用次第でもらえる金額が変わるタイプです。

前者のタイプは、「40歳から月2万円ずつ支払えば、65歳から10年間、月5万5000円もらえる」とあらかじめもらえる額がわかる安心感があります。ただ、25年後の5万5000円がどれくらいの価値かは、誰にもわかりません。インフレが進むと、コーヒー一杯1万円になっているかもしれません。また、いま個人年金の運用利回り（予定利率）は1％前後で、どんなに世の中の金利が上昇しても最後まで上がりません。

だとすれば、金利が上がったり物価が上昇したりするともらえる年金額が上がる可能性がある変額個人年金なら、物価の上昇にも金利の上昇にも対応できそうな気がします。

ただ、**このタイプの年金のネックは、払い込んだお金から引かれる手数料が高いこと。**加入する時点で手数料が引かれ、運用されている間も年3％前後の手数料が引かれているというものが少なくありません。もちろん、年3％の手数料を引かれても、常に5％以上の運用ができるというなら増えるかもしれません。けれど、いまのような状況では、それはなかなか難しいでしょう。

投資商品なので、増える時もあれば減る時もありますが、ここでは、預け入れた1000万円が増えも減りもせずに25年間運用されたとしましょう。そうすると、預けた1000万円は、毎年手数料を引かれ続けて、25年後には500万円を切っています。つまり、高い手数料を考えるとリスクは大きいということです。

だとすれば、これからは、年金より現金で備えましょう。ただし、すでに運用利回り（予定利率）が高い時に加入されている方は有利な貯金になっています。

Check!

「介護の費用はピンキリですが、想像より低いかも!?」

親の介護が心配という方は、多いようです。介護にどれくらいお金がかかると思うかという民間のアンケートでは、答えた方の平均が約３２８５万円でした。

けれど、安心してください。このアンケートは介護経験がない人に行ったもので、**実際に介護を経験した人へのアンケートでは、１人約５４６万円でした**。なぜ、こんなに差が出るのかと言えば、昔は介護保険がなかったので、実際にこれくらいかかった人がたくさんいたのでしょう。

けれど、いまは介護保険があり、介護保険の範囲内ならかかった費用の1～2割を負担すればいいようになっています。さらに負担を軽くするために、**介護費用が一定額以上に**

なると超えた額を戻してもらえる「高額介護サービス費支給制度」もあります。しかも、「高額介護サービス費支給制度」は、家族で合算することもできます。

たとえば、夫が月30万円の介護サービスを受けて自己負担3万円、妻も月30万円の介護サービスで自己負担3万円だったとすると2人で6万円。ですが、「高額介護サービス費支給制度」を使えば自己負担は2人で月2万4600円になります（住民税非課税世帯・収入で変わる）。加えて、医療費と介護費で多額の出費になったという場合には、「高額医療・高額介護合算療養費制度」という、さらに負担を軽くしてくれる制度もあります。

介護は大きく分けて、家で行う場合と施設に入居させる場合があります。家で介護する場合には、介護する人は大変ですが、介護保険を利用すると、自己負担は月5万円ほど。ヘルパーを頻繁に頼めばもっとかかるでしょうが、基本的に介護保険の範囲内でやっていくとすれば5万円が1つの目安です。5万円だと、5年間介護しても300万円、10年間でも600万円ということになります。

施設に入居させると、もう少し費用がかかるケースが多くなります。介護が必要になってから入る施設として比較的安いのは、特別養護老人ホーム（介護老人福祉施設）や介護老人保健施設、認知症グループホームなどがあります。ただし、現在は、どこも満員の状況で、特別養護老人ホームなどは、52万人も待機者がいて、なかなか入居できないのが現状です。

民間のケア付き老人ホームに入居するという人もおられると思いますが、この場合の料金は、まさにピンキリ。入居金ゼロで月々25万円前後のものから、上を見れば入居金5000万円で月々50万円などという豪華な施設もあります。

「高額介護サービス費支給制度」は家族で合算できる

夫

← ひと月の介護サービス費＝30万円 →

介護保険から支払われる分＝27万円 | 自己負担額＝3万円

妻

← ひと月の介護サービス費＝30万円 →

介護保険から支払われる分＝27万円 | 自己負担額＝3万円

世帯当たりの自己負担額は

夫の分3万円＋妻の分3万円＝6万円

「高額介護サービス費支給制度」を使うと……

2万4600円以上は戻る

（住民税非課税世帯・収入で変わる）

コラム

6

年代別、「お金」でやっておくこと【50～60代】

第二の人生に向けて、妻も働こう！

50代は、なるべく長く働ける方法を考えましょう。

そのためには、現役時代に役に立つ資格を取っておくといいかもしれません。

一定期間会社に勤めている人が資格を取る時には、教育訓練給付金といって、10万円を上限に資格取得にかかった費用を2割まで補助してもらえます。資格は、今までの自分のキャリアの延長線上で再就職にも役立つようなものにしましょう。詳しくは、ハローワークで聞いてください。

また、できれば子育てがすんだ妻にも働いてもらいましょう。そして、妻の稼ぎは、老後資金として蓄える。

妻も働きに出てみると、金銭的に安心なだけでなく生活の視点も変わってくるのではないでしょうか。働くということは、楽しいことばかりではなく苦労することも多くあり、そうした経験をすると、ご主人の苦労もわかって今まで以上にお互いに思いやりが持てるのではないでしょうか。そうなれば、より充実した老後が送れるでしょう。

荻原&石井の お金のお悩み相談室

【老後編】

もうすぐ60歳。65歳までは勤めることができますが、60歳になると、会社からの給料も減って役職もなくなり、嘱託のようなかたちになります。なんだか、とても憂鬱です。老後を明るく過ごすには、どうすればいいのでしょうか？

58歳会社員。営業職で現在は部長補佐だが、60歳になると調査役という肩書になり、実質的には部下もいない嘱託のような仕事にまわされる。給料も、驚くほど減ってしまう。それは社内規定でしかたないと思うが、いままで多くの部下に号令をかけてきただけに、それを５年間つづけると思うと寂しい気がする。

相談者さんはこれまでバリバリと「仕事が中心の生活」を送られていたのではと推察いたします。そんな相談者さんが役職もなくなり嘱託のようになり給料も減ってしまう……。「俺はいったいなんなんだ。俺のこれまではなんだったんだ」と憂鬱になられる。私も、自分の将来を想像すると同じ気持ちになると思います。

しかしあの野村克也監督が言いました。**「財を残すのは下、仕事を残すのは中、人を残すのが上」**と。60歳までのあと2年間で、これまで培ったノウハウを後輩に伝授して「人を残すこと」に注力されてはいかがでしょうか？　そのことにやりがいを感じることができれば60歳以降も仕事を楽しめるのではないでしょうか？　楽しめないのであれば60歳以降は好きなことを見つけて第二の人生を謳歌されてはいかがでしょうか？　人生の大先輩に恐縮です……。

回答：石井亮次アナ

一生現役という気持ちで、役職がなくなって少し時間ができる５年の間に、第二の人生への道筋をつけるのがいいのでは。在職中から、いろいろな会合などに出席して、人脈をつくっておきましょう。趣味でつながれる友達もいいでしょう。**会社を辞めてもボランティアを兼ねたちょっとした働き口を見つけると、いつまでもはりのある生活ができます。**ファミリー・サポート・センターなどを活用すると、時給700円くらいですが、保育園のお迎えの時間に間に合わないお母さんの代わりに迎えに行って感謝されたり、介護の手助けで買い物に行って感謝されたりと、生き甲斐も生まれることでしょう。

回答：荻原博子

ゴゴスマ ～GO GO! Smile!～とは……

午後に知りたい情報を
早く！ やさしく！ お伝えします

今日知っておきたいニュースや芸能情報など、「今話題になっていること」をわかりやすく伝えていく情報番組。生の情報にこだわり、当日の事件・事故、生中継、芸能速報など「今知りたいこと」を「暮らしにどう関係するの？」という生活者目線で、詳しくわかりやすく伝える。スタジオには、生活者目線でニュースへの疑問を投げかけるレギュラー陣と、それに生で答えていくコメンテーターの専門家。「ぼーっと見ていても、今話題のニュースの本質＆裏情報がわかる」昼下がりに肩の力を抜いて見られる情報番組。ＴＢＳ（関東）、ＣＢＣ（東海３県）、ＴＢＣ（宮城）の各局で、毎週月～金曜日の午後1時55分より放送。石井アナウンサーが番組MCを務める。

荻原博子
（おぎわら・ひろこ）

1954年、長野県生まれ。経済ジャーナリスト。経済事務所に勤務後、フリーの経済ジャーナリストとして独立。家計経済のパイオニアとして、難しい経済と複雑なお金の仕組みを、生活に根ざしてわかりやすく解説する第一人者として活躍。「家計の味方」としてお茶の間の人気者に。著書に『荻原博子のハッピー老後』（毎日新聞出版）『10年後破綻する人、幸福な人』（新潮新書）『隠れ貧困　中流以上でも破綻する危ない家計』（朝日新書）他多数。

ブックデザイン　岩間良平（トリムデザイン）
イラスト　ナカオテッペイ
編集　榎本明日香

おトクなお金《かね》はどっち？　こっち！
クイズでわかる「貯《た》まる！」
「トクする！」お金《かね》の仕《し》組《く》み

2016年7月4日　第1刷発行

著者　荻原《おぎわら》博《ひろ》子《こ》

発行者　鈴木 哲
発行所　株式会社講談社
〒112-8001　東京都文京区音羽2丁目12-21
電　話　編集03-5395-3522
販売03-5395-4415
業務03-5395-3615
印刷所　慶昌堂印刷株式会社
製本所　株式会社国宝社

ISBN978-4-06-220220-6
定価はカバーに表示してあります。